MAYER
HASBANI
ARQUITECTOS

Mayer Hasbani Arquitectos

Primera edición / First edition, 2023

Ámsterdam 163 A, Hipódromo
Ciudad de México, 06100
ISBN: 978-607-8880-10-2

Textos **Texts**

Dirección general **Director**
Miquel Adrià

Dirección editorial **Editorial director**
Brenda Soto

Coordinación editorial **Editorial manager**
Karina Reyes Maqueda

Diseño **Design**
Gabriela Varela + David Kimura

Corrección de estilo **Copy editing**
Beatriz Stellino

Traducción **Translation**
Quentin Pope

Preprensa **Prepress**
Emilio Breton

www.arquine.com

MAYER HASBANI
ARQUITECTOS

MA
YER
HAS
BANI

ÍNDICE

CONTENTS

Mayer Hasbani Arquitectos nace en el año 2000, en la Ciudad de México, con la visión de hacer una aportación importante a la arquitectura nacional. Con una trayectoria de 23 años, de profesionalismo y especialización, ha logrado consolidarse con obras de arquitectura y diseño que cumplen con las exigencias del mercado global. Su modelo de trabajo es integrativo y participativo. Conjunta el conocimiento y la experiencia de todos los miembros que conforman la firma.

Mayer Hasbani Arquitectos se propone crear experiencias de vida excepcionales para sus usuarios mediante un diseño que enriquezca su contexto social y mantenga un espíritu sustentable, lo que se pone en práctica en proyectos como el complejo Haixa. En esta obra, por ejemplo, la geometría y los materiales plantean un espacio que respeta y abraza su entorno. De hecho, la práctica de la firma tiene como objetivo la sustentabilidad arquitectónica e integra en todas sus obras principios medioambientales sólidos. Asimismo, la densificación es una de las estrategias cuya efectividad ha sido demostrada por la oficina en los conjuntos de edificios mixtos y habitacionales, como Adamant, propuesta que se ha construido en varios centros urbanos del país, como Puebla, Querétaro, León, Mérida y Tijuana. Su éxito ha revigorizado las colonias donde se insertan y ha impulsado a otros desarrolladores a promover más emprendimientos verticales.

Mayer Hasbani Arquitectos desarrolla proyectos en todas las escalas, desde vivienda unifamiliar hasta grandes torres residenciales y corporativas. Muchos de los interiores de sus edificios también han sido diseñados por la empresa, con lo que se obtiene una congruencia con su imagen exterior y un concepto estético integrado. El resultado es que incluso en proyectos complejos a gran escala se provee al usuario de una sensación armónica, amable y estimulante.

Para Mayer Hasbani Arquitectos, la función básica de la arquitectura es resolver una necesidad y diseñar aquello que un programa específico requiere, pero su verdadero potencial es crear belleza, inspirar a sus usuarios e incidir en el entorno donde estos proyectos se sitúan. La magnífica escala de algunos de estos edificios aporta una experiencia positiva, optimista, del espacio construido en las ciudades.

En este proceso, el apego a los estándares internacionales y la puesta al día en las tecnologías de construcción se conjuntan con el profundo análisis funcional, la experimentación formal, la experiencia y la creatividad para lograr un resultado sumamente vanguardista, de talla mundial.

En esta publicación se exponen 22 proyectos de la oficina, tanto construidos como en proceso, para ofrecer una muestra de las capacidades creativas y técnicas de Mayer Hasbani Arquitectos.

MAYER HASBANI ARQUITECTOS

Mayer Hasbani Arquitectos was founded in 2000 in Mexico City with the vision of making an important contribution to Mexican architecture. With twenty-three years' experience of high professional standards and specialization, the firm has established its name for architecture and design in projects that meet the demands of the global marketplace. The studio's integral and participative approach combines the expertise and the experience of all its members.

The studio creates exceptional life experiences for users through design that enriches their social context while ensuring sustainability, putting its ideas into practice with projects such as the Haixa complex. In this development, geometry and materials create a space that respects the environment. Architectural sustainability lies at the core of the firm's work, which integrates firm environmental principles. Densification is another strategy whose effectiveness has been proved by the studio through mixed-use and residential buildings such as Adamant, developed in various urban centers in Mexico such as Puebla, Querétaro, León, Mérida, and Tijuana. The success of these developments has reinvigorated their local contexts, encouraging other developers to undertake more vertical projects.

Mayer Hasbani Arquitectos' projects range in scale from single-family units to high-rise residential blocks and office spaces. It creates interior designs to be congruent with their outward appearance, and to amalgamate them with the projects as a whole. As a result, even in complex and large-scale developments, users can always enjoy a harmonious, friendly, and stimulating spatial sensation.

For the studio, architecture is primarily about meeting needs and to design what is required by a specific program. But its true potential is to create pure beauty and inspire users and local surroundings. By taking advantage of the magnificent scale of some of these buildings, Mayer Hasbani creates positive and optimistic experiences about the potential of built spaces in cities.

In this process, while meeting international standards and using the latest construction techniques, in combination with thorough functional analysis, formal experimentation, the experience and creativity creates world-class, avant-garde architecture.

This publication compiles twenty-two of the studio's projects that have been built or are under construction, as striking examples of Mayer Hasbani Arquitectos' creative and technical capabilities.

ARC
TE
TU

ARCHITECTURE

10

Capital Park es un conjunto urbano habitacional que se inspira en el estilo Art Déco característico de la colonia Condesa, en la Ciudad de México, y lo reinterpreta modernizándolo y trayéndolo a la actualidad. El proyecto consta de 88 viviendas en ocho niveles.

En el predio donde se ubica había una casa catalogada por el INBA que se integra, ahora en concreto aparente, a la fachada del edificio. Otros elementos de la época fueron utilizados con un lenguaje moderno, como los respiraderos de las casas en herrería, el nombre en los edificios, las grecas y quiebres escalonados en los accesos, los elementos verticales y los remates de las construcciones.

Capital Park está coronado por un jardín-azotea que funciona como conexión virtual entre los parques México y España, que colindan con el edificio. En este espacio se ubican la alberca, el gimnasio y las áreas de estar que favorecen la convivencia mientras se disfruta de la vista de las copas de los árboles del parque.

La banqueta ha sido conquistada mediante una marquesina de 4 m de profundidad que la convierte en un vestíbulo urbano del conjunto y la dota de un confort especial que se ofrece abiertamente a los transeúntes de la ciudad para que puedan descansar.

CAPITAL PARK CONDESA

2006–2008
CIUDAD DE MÉXICO

Capital Park is an urban residential complex inspired by the Condesa neighborhood's characteristic art deco style, updating it with a modern twist. The project has 88 units on eight levels.

A pre-existing, INBA-listed house was integrated into the project, rendered exposed concrete and now part of the building's façade. Other period elements were used with modern accents, such as the houses' iron vents, the buildings' names, the fretwork, and staggered entrance openings, vertical elements, and finishes.

The rooftop terrace virtually connects the adjacent Parque México and Parque España. This space includes a swimming pool, gymnasium, and living areas that bring residents together to enjoy views over the canopies of the parks' trees.

A four-meter-deep awning over the sidewalk creates an urban lobby for the complex and a spot where pedestrians can take a rest.

18

18

CENTRAL
PARK
GÜELL

BUS

Sección transversal **Transversal section**

Sección longitudinal **Longitudinal section**

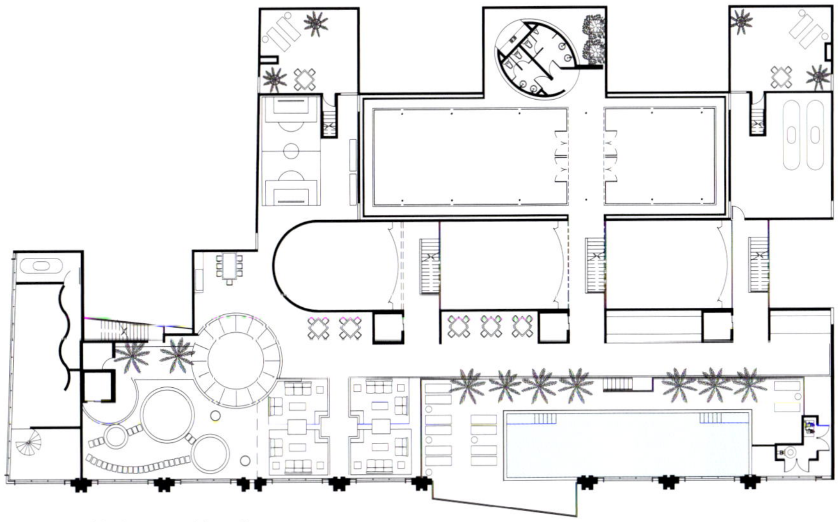

Planta amenidades **Amenities plan**

Planta nivel 1 **Level 1 plan**

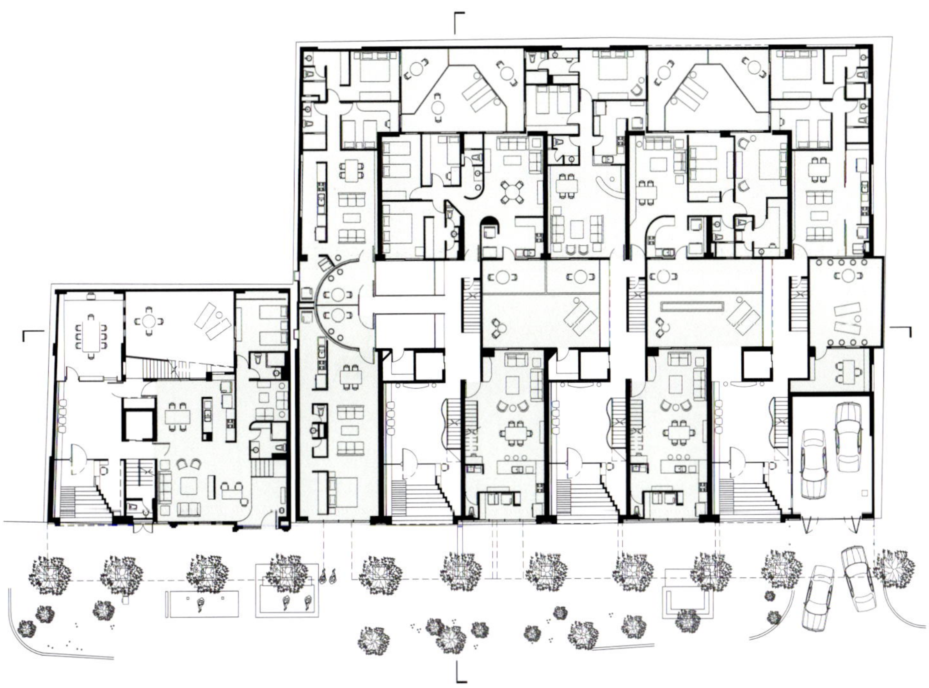

Planta baja **Ground floor plan**

BANORTE
18

18

24

El contexto arquitectónico en la avenida Polanco es predecible. Las construcciones suelen ser de tres niveles de altura, y aunque existen algunas intervenciones modernas, en general todas tienen entre 20 y 50 años.

Este edificio adquiere identidad por su apariencia sobria, mientras que su mayor riqueza se vive en el interior. El terreno, de forma regular, tiene un frente de 15 m hacia la calle, con orientación Norte-Sur. El proyecto incluye cuatro casas *—town houses—*, todas con acceso desde el sótano y desde la entrada peatonal, cada una con sala, comedor, dos o tres recámaras, estudio, cocina y áreas de servicio, terraza y *roof garden*. El patio de acceso provee profundidad mediante una ventana interior, dentro de un entorno plano. Las circulaciones están resueltas de manera independiente en cada casa y son el eje central y elemento de articulación en cada una de ellas.

La estética del proyecto se aprecia desde la entrada. En el patio de acceso hay un jardín flotante con una escultura metálica-vegetal que protege de los rayos de sol y funciona como filtro del exterior al interior.

En el interior se descubren elementos estructurales y arquitectónicos muy delgados y ligeros, como si las losas estuvieran suspendidas y cargadas por pequeños detalles de acero, concreto aparente, paneles de aluminio, cristal laminado y vigas.

Se trata de un proyecto muy neutro, que se relaciona de manera respetuosa con su entorno y estudia las vistas compartidas entre las casas, pero sin descuidar la intimidad.

POLANCO 59

2004-2006
CIUDAD DE MÉXICO

The architectural context on Avenida Polanco is predictable. The constructions all tend to be three stories high, and apart from some modern interventions, generally speaking they are all between twenty and fifty years old.

This building is distinguished by its sober outer appearance, complemented by its particularly rich interior. The regular-shaped plot has a 15-meter frontage onto the street, with a north-south orientation. The project includes four town houses, each with access from the basement and the pedestrian entrance, and each one consisting of a lounge, dining room, two or three bedrooms, studio, kitchen and service areas, terrace, and roof garden. The entrance courtyard offers depth through an interior window, within a flat setting. The circulations are independent in each home and provide the central axis and articulating element in each.

The project's aesthetic is notable from the entrance. The entry courtyard boasts a floating garden with a metallic-vegetal sculpture that offers shade from the sun's rays and filters the outside from the inside.

The interior reveals slender and lightweight sculptural and architectural elements, as if the slabs were suspended and supported by intricate details in steel, exposed concrete, aluminum panels, laminated glass, and beams.

The project is very neutral by respecting the surroundings and contemplating the shared views between the houses while ensuring intimacy.

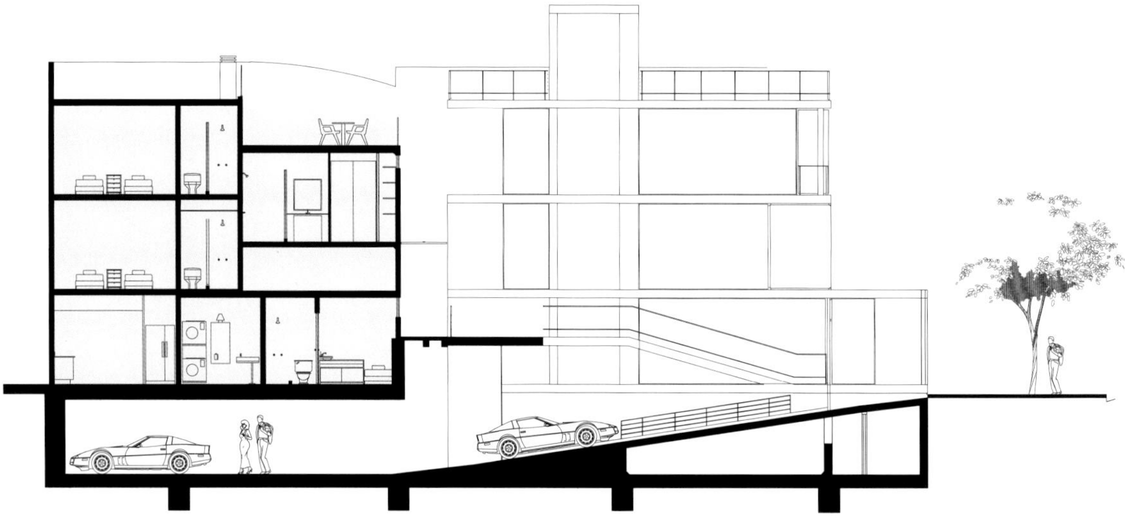

Sección **Section**

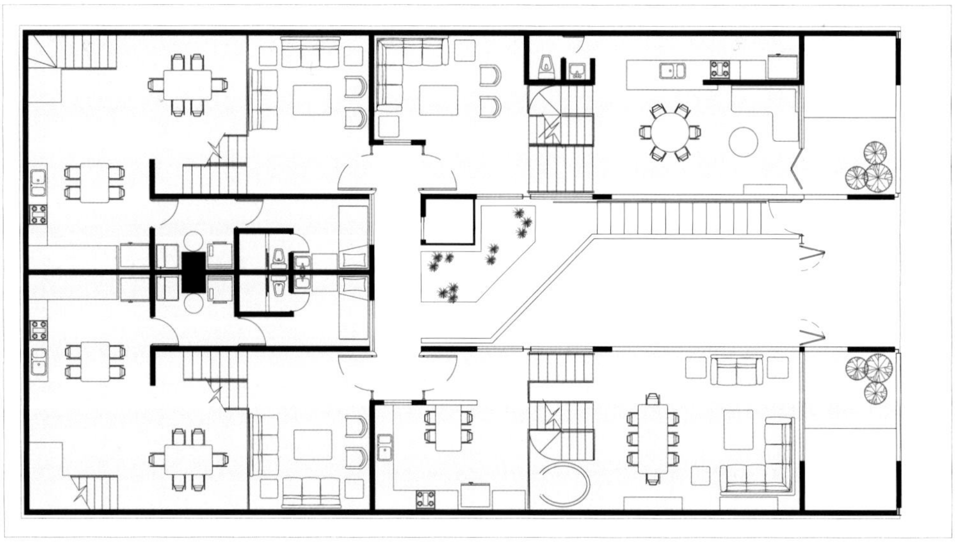

Planta baja **Ground floor plan**

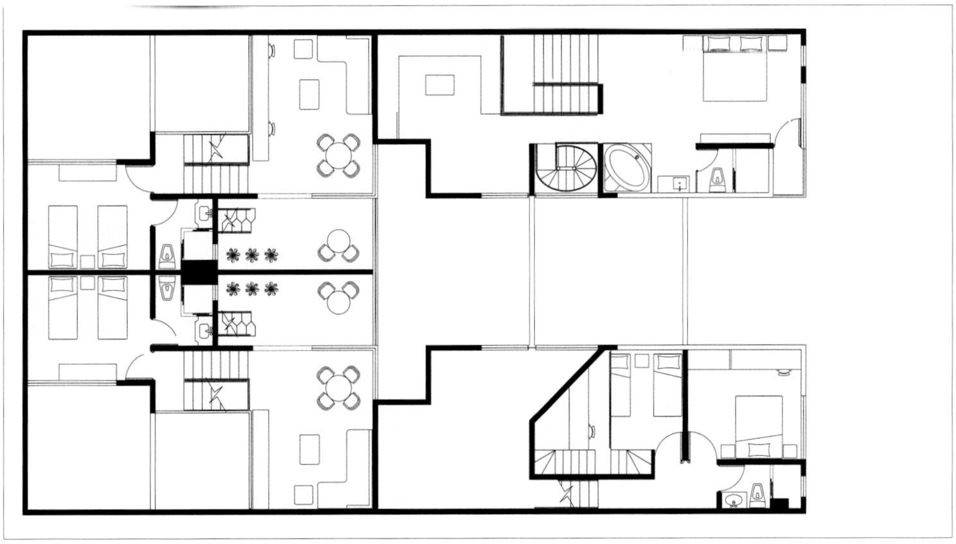

Planta nivel 2 **Level 2 plan**

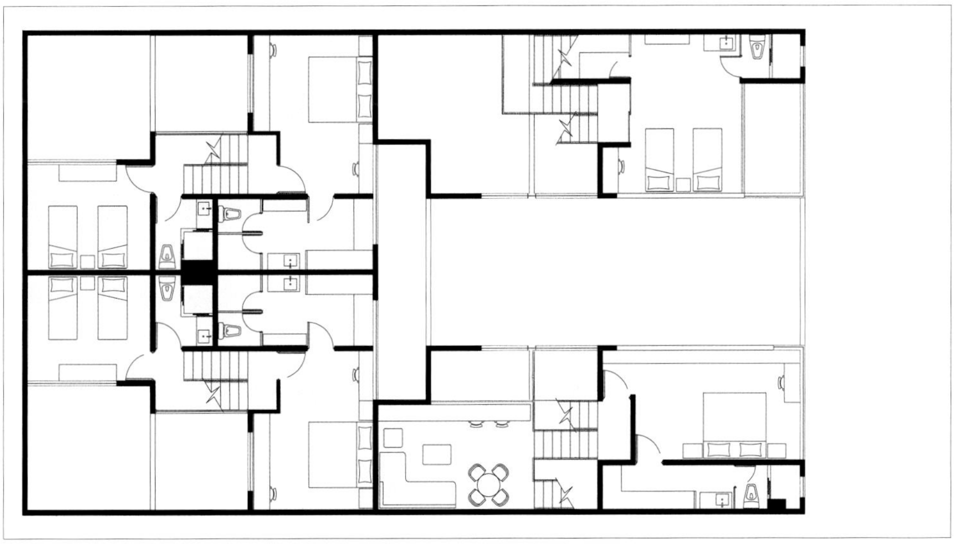

Planta nivel 1 **Level 1 plan**

34

El ritmo monótono de las fachadas de las casas de la calle Guadarrama se ve irrumpido por un manifiesto arquitectónico: lo habitual de la arquitectura evoluciona plásticamente para dar lugar a la Casa Guadarrama, una poesía espacial en medio de la prosa urbana. Se trata de un juego expresionista de volúmenes de concreto y granito que sobresalen de su contexto por su diseño audaz y contemporáneo.

La casa se descubre, se camina y se entiende mediante la exploración de sus áreas. Mayer Hasbani (MH) logró un inteligente juego de espacios que homenajea a la mítica Casa-Estudio Luis Barragán desde la contemporaneidad, como si fuera un bloque de concreto sólido del cual se sustrajeron los espacios al escarbar en él.

El patio central es el corazón del proyecto. Así como el corazón transporta la sangre a las arterias, el patio controla el desarrollo y la amabilidad de los espacios. Es el elemento que integra el jardín con la terraza, el comedor, la sala y los otros niveles de la casa. En el interior, el núcleo de circulación para subir al segundo piso y al tercero es un elemento escultural que se desdobla en distintos planos para usar el espacio de manera inteligente. Este elemento se vuelve puente, se vuelve recámara. Con este juego de ángulos y coqueteos visuales se logran detalles tan precisos que la arquitectura misma es su mejor ornamento.

Por la complejidad del sistema, la casa se proyectó para exhibir su condición de alto diseño, una especie de *haute couture* arquitectónica. La factura bien pensada y bien lograda es lo que le otorga su aura, la hace vibrar y funcionar. La distinción entre lo público, lo privado y los servicios no existe. La Casa Guadarrama es un descubrimiento en una calle residencial, tradicional de la zona poniente de la Ciudad de México, y a la vez una sucesión de descubrimientos en su interior.

CASA GUADARRAMA

2012–2014
CIUDAD DE MÉXICO

The monotonous rhythm of the residential façades on Calle Guadarrama is interrupted by an architectural manifesto: the regular architecture evolves visually to make way for Casa Guadarrama, a work of spatial poetry in prosaic urban surroundings. This expressionist interplay of concrete and granite volumes stands out from the context thanks to its daring, contemporary design.

The house reveals itself, is experienced, and understood through the exploration of its different areas. Mayer Hasbani skillfully used the spaces in a playful, contemporary tribute to the legendary Luis Barragán House and Studio, as if the spaces were carved out of a block of solid concrete.

The central courtyard lies at the project's heart. Just as the heart pumps blood into the arteries, this courtyard modulates the spaces and creates a welcoming feel. This element merges the garden with the terrace, dining area, living room, and the house's other levels. The sculptural interior circulation nucleus leading up to the second and third floors folds out across different planes to make intelligent use of the space. This element becomes a bridge, and then a bedroom. This interplay of angles and trompe l'oeils creates such precise details that the architecture itself becomes its best ornament.

The system's complexity meant the house was planned to exhibit its high-end design, as a kind of architectural haute couture. The well designed and executed workmanship gives its aura, making it vibrate and function. No distinction is drawn between public, private, or service spaces.

Casa Guadarrama is a revelation on a residential, traditional street in the west of Mexico City, with an interior containing a series of discoveries.

Premio Nacional de Arquitectura e Interiorismo 2015
Segundo lugar, categoría Interior residencial
Second Place, Residential Interior Desing

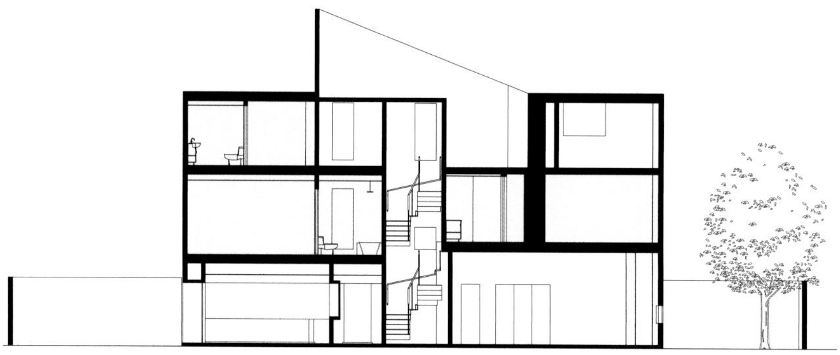

Sección longitudinal **Longitudinal section**

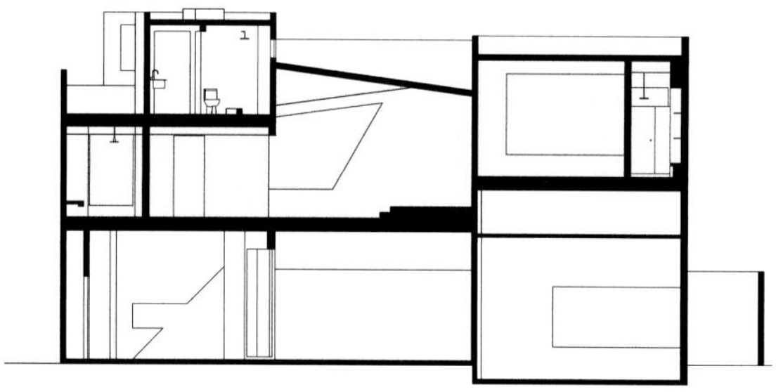

Sección transversal **Transversal section**

Planta nivel 1 **Level 1 plan**

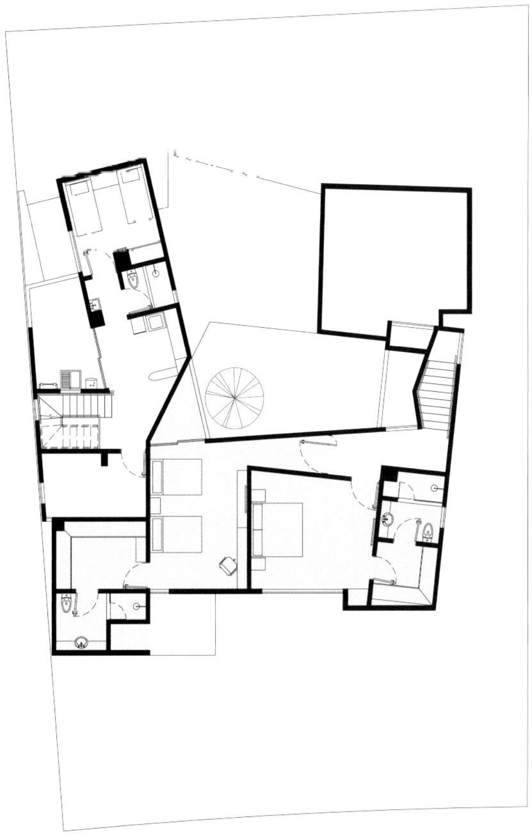

Planta nivel 2 **Level 2 plan**

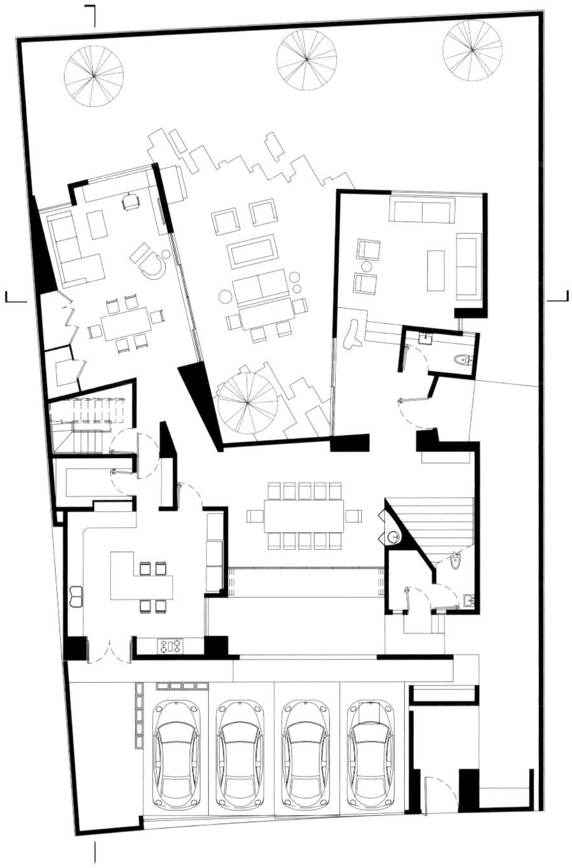

Planta baja **Ground floor plan**

42

El proyecto mantiene una relación armónica con el entorno, basada en un estudio detallado del sitio y un análisis del medio físico y biológico, con el objetivo de que la edificación se integre al paisaje.

Se partió del principio de convertir la selva en el valor principal del proyecto, utilizando la arquitectura como una herramienta que permitiera enmarcar el contexto para apreciarlo de la mejor manera y lograr con ello un sitio único. La intervención fue respetuosa, no invasiva: se mantuvo la vegetación local, y la naturaleza y las construcciones conviven sin detrimento del confort.

Un complejo de seis pisos de altura, alrededor de 30 palapas y estructuras naturales se funde con la vegetación. La mayor cantidad de metros cuadrados asignados a las terrazas permite vistas espectaculares —de hasta 270 grados, en algunos casos—, luz y ventilación natural, pero con privacidad. En las áreas comunes se respeta el entorno, que incluye las especies endémicas del sitio, la flora y fauna de la zona. Los espacios mantienen distintos ambientes para actividades que invitan al descanso y la contemplación.

Las construcciones se distribuyen a lo largo del terreno, sobre una colindancia curva con vistas al campo de golf, y trazan un eje simétrico cuyo vértice es la glorieta de acceso principal. La división genera dos torres al norte y dos al sur, que se acercan a las vialidades, con una generosa zona verde.

Los departamentos se abren hacia el exterior por medio de las terrazas, con el privilegio inusual de un sombreado natural proporcionado por árboles tan altos que alcanzan entre cinco y seis pisos de altura, como el propio edificio. La elección de materiales favorece la integración: las formas, colores y texturas de las construcciones se amalgaman con el ambiente.

HAIXA

2008–2011
LITIBÚ, NAYARIT

LIV Hospitality Design Awards 2021
Mención honorífica, categoría Condominios
Honorable Mention, Condominium

The project connects harmoniously with its surroundings, thanks to a careful site study and analysis of the physical and biological context for the construction to blend into the landscape.

The project's premise was to make the jungle the protagonist, using architecture as a tool to frame the context in order to appreciate it fully and create a unique location. The intervention was respectful and sympathetic to the local site: the local vegetation was preserved so that nature and the buildings can co-exist without sacrificing comfort.

We developed the complex over six stories with around 30 palapas and natural structures that blend into the vegetation. The façades' design creates spectacular views from the largest possible area, sometimes with vistas of up to 270 degrees, bringing in natural light and ventilation at the same time as offering privacy. The communal areas respect the endemic local species of flora and fauna, and various spots are perfect for rest and quiet contemplation.

The constructions are spread out across the entire plot, offering views onto the golf course along the curving edge of the plot; they draw a symmetrical axis whose vertex is a traffic circle at the main entrance. The separation generates two towers to the north and two to the south, bordering the roads and offering a large green space.

The apartments open up outward through terraces, with the unusual benefit of providing natural shade thanks to the tall trees measuring between five and six floors high, as high as the building itself. Through a careful choice of materials, the construction's forms, colors, and textures blend into the surroundings.

CINEMA

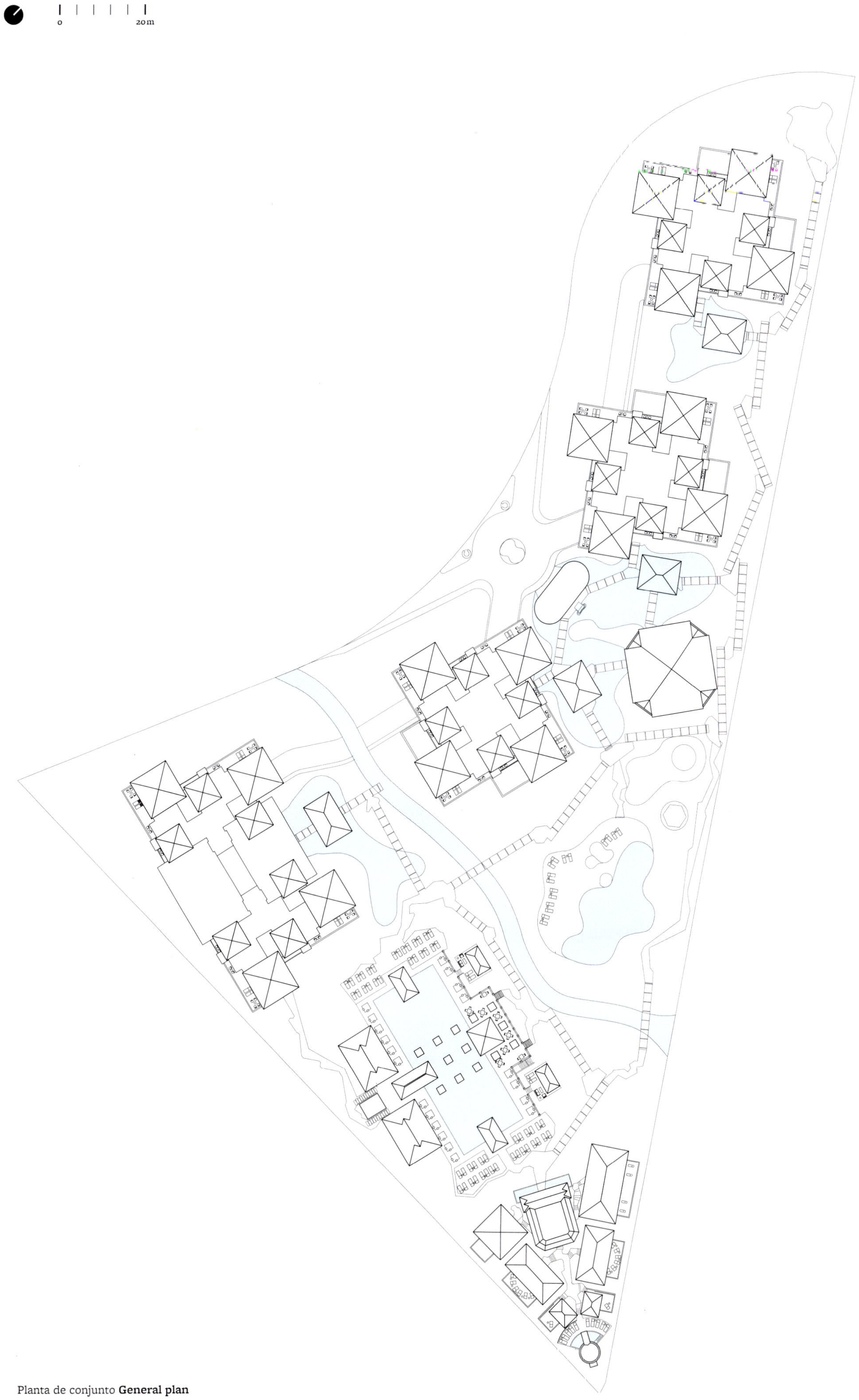

Planta de conjunto **General plan**

Sección transversal **Transversal section**

Sección longitudinal **Longitudinal section**

0 5m

Planta tipo 1 **Typical plan 1**

Planta tipo 2 **Typical plan 2**

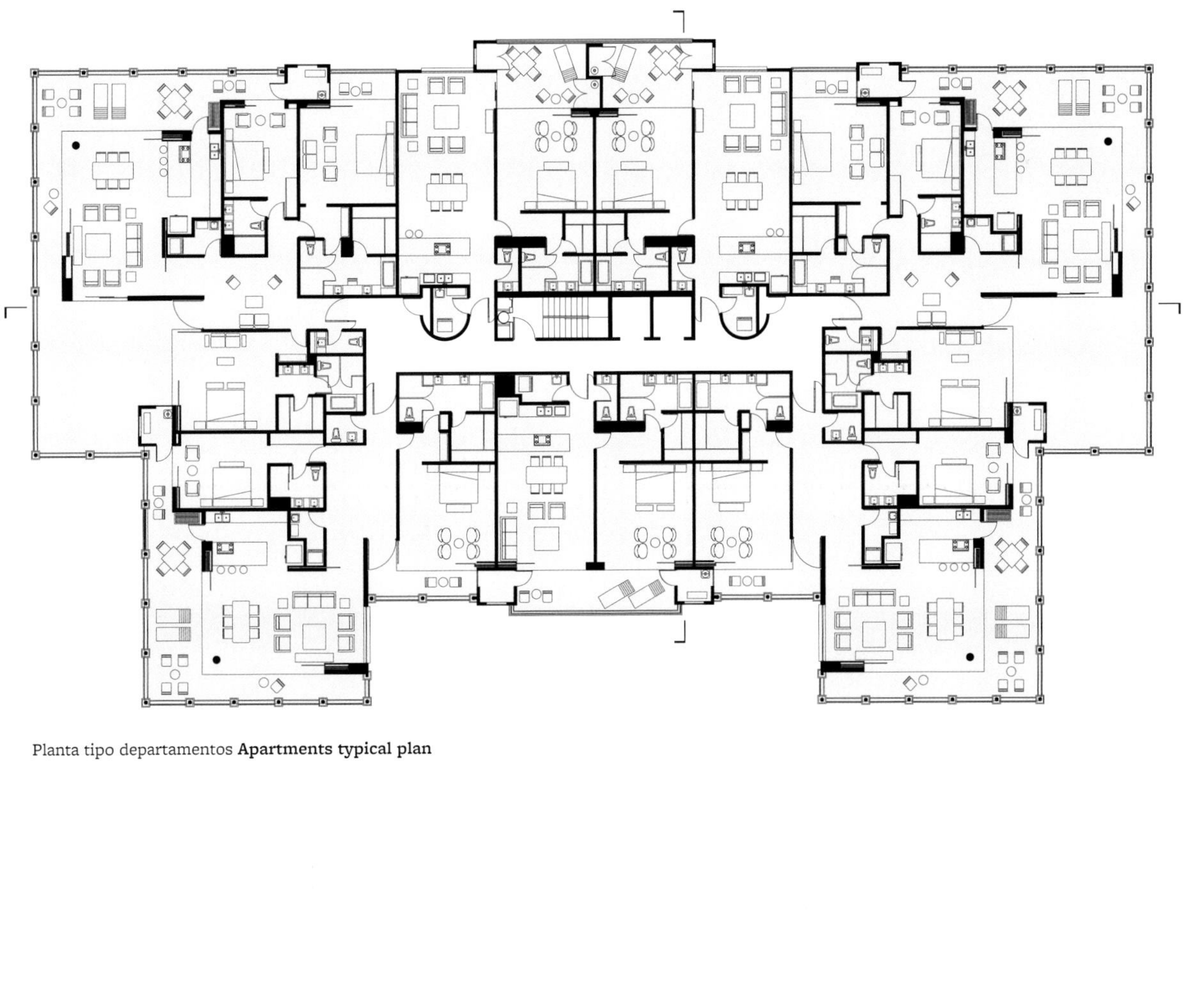

Planta tipo departamentos **Apartments typical plan**

54

ADAMANT PUEBLA I

En el importante cruce urbano de Periférico y vía Atlixcayotl, en Angelópolis, Puebla, se encuentra Adamant, un complejo de usos mixtos, de 30 niveles, que se ha convertido en el proyecto líder en sostenibilidad y comodidad en la zona de desarrollo más importante de esta ciudad.

El nuevo centro urbano incluye 20000 m² de vivienda, divididos en 175 *lofts* que van desde 50 m² hasta 120 m². Al mismo tiempo, un área comercial al frente del complejo enriquece el tejido urbano y garantiza 24 horas de vida pública, proporcionando equipos, servicios y seguridad a los usuarios.

La torre monolítica emerge como un torso en el horizonte. Los materiales de este edificio hacen de él una escultura: el granito negro y el vidrio se fusionan para dar lugar a la experimentación geométrica. Por medio de patrones fractales, el diseño de la torre principal da como resultado un mosaico de terrazas de jardín que se abren al cielo para bañar de luz el interior y ofrecer vistas espectaculares al paisaje.

El objetivo principal del diseño de Adamant era reducir la unidad de vivienda para optimizar los recursos y espacios, y de esta manera ampliar las áreas públicas. En otras palabras, diseñar una comunidad.

Adamant I y II se encuentran en una posición estratégica para dar la bienvenida a los transeúntes que cruzan la carretera a Puebla. Las dos torres, casi simétricas en altura y proporción, constituyen una puerta simbólica que alude a la voz de progreso.

2010–2013
PUEBLA, PUEBLA

Architecture MasterPrize 2020
Primer lugar, categoría Rascacielos
First Place, High Rise Buildings

The International Design and Architecture Awards 2015
Finalista, categoría Propiedades arquitectónicas
Finalist, Residential Architectural Property

At a major intersection between the Periférico and Vía Atlixcayotl in Angelópolis, Puebla, Adamant is a 30-story, mixed-use complex that is setting a high standard for sustainability and comfort in this city's most dynamic area of urban development.

The new urban center includes 20,000 square meters of housing units, divided into 175 "lofts" ranging from 50 to 120 square meters. At the same time, a commercial area in front of the complex enriches the area and ensures round-the-clock public activities, providing equipment, services, and security to users.

The monolithic tower emerges like a torso on the horizon. The building's materials turn it into a sculptural object: the black granite and glass are merged to create space for geometric experimentation. Through fractal patterns, the main tower's design produces a mosaic of garden terraces that open up to the sky to wash the interior with light and provide spectacular panoramic views.

Adamant's core objective was to reduce the housing unit to optimize resources and space, thus extending public areas. In other words, it seeks to design a community.

Adamant I and II are strategically placed to welcome pedestrians crossing the road to Puebla. The two towers are almost symmetrical in height and proportion and form a symbolic gateway that speaks of progress.

ÚLTIMOS 10 DEPARTAMENTOS
T.(222)230.0600
www.adamant.mx
ADAMANT
ÚLTIMOS 3 LOCALES
EN VENTA Y RENTA

i am really not good with words.

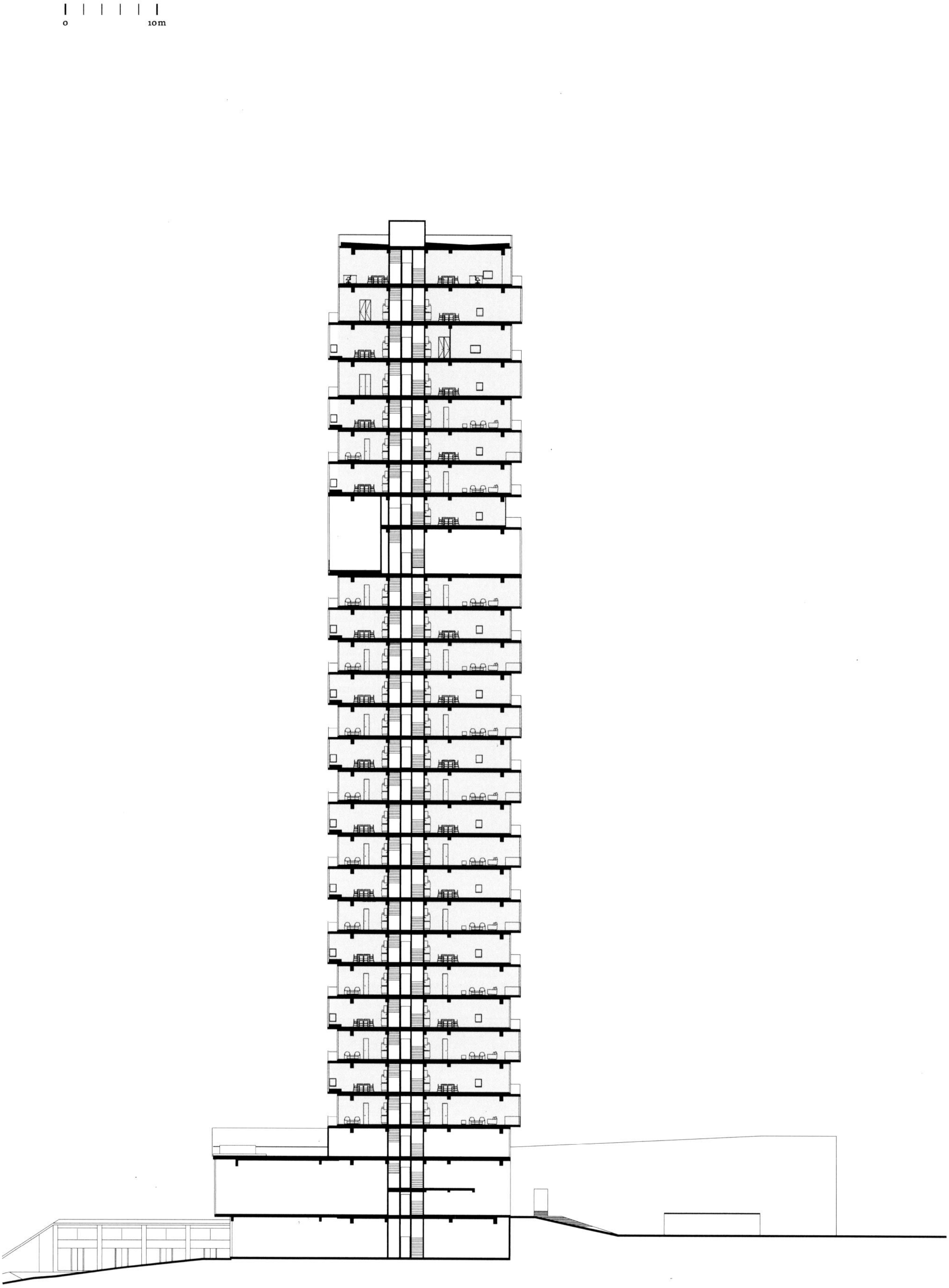

Sección **Section**

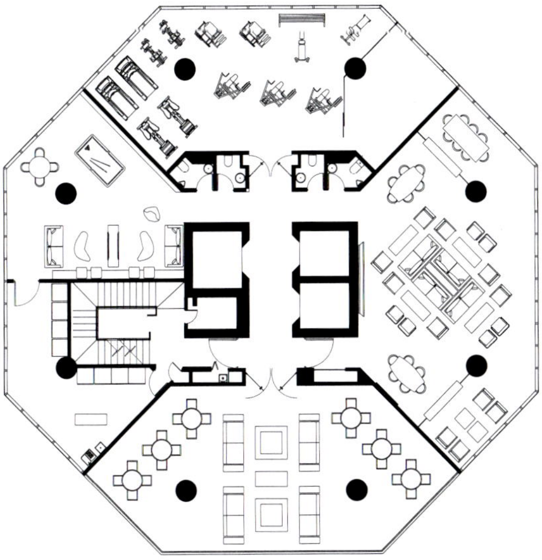

Planta nivel 21 **Level 21 plan**

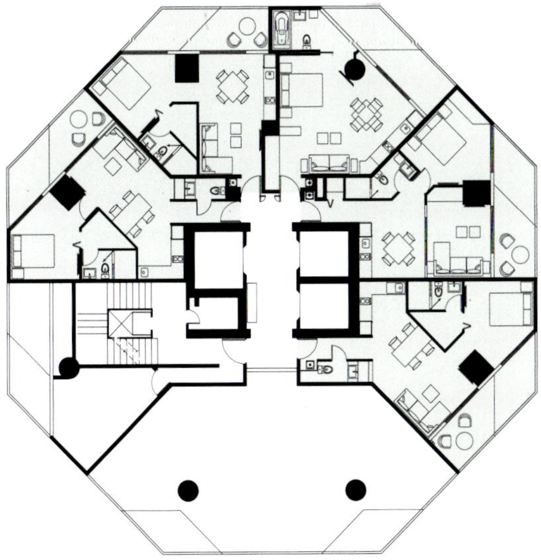

Planta nivel 23 **Level 23 plan**

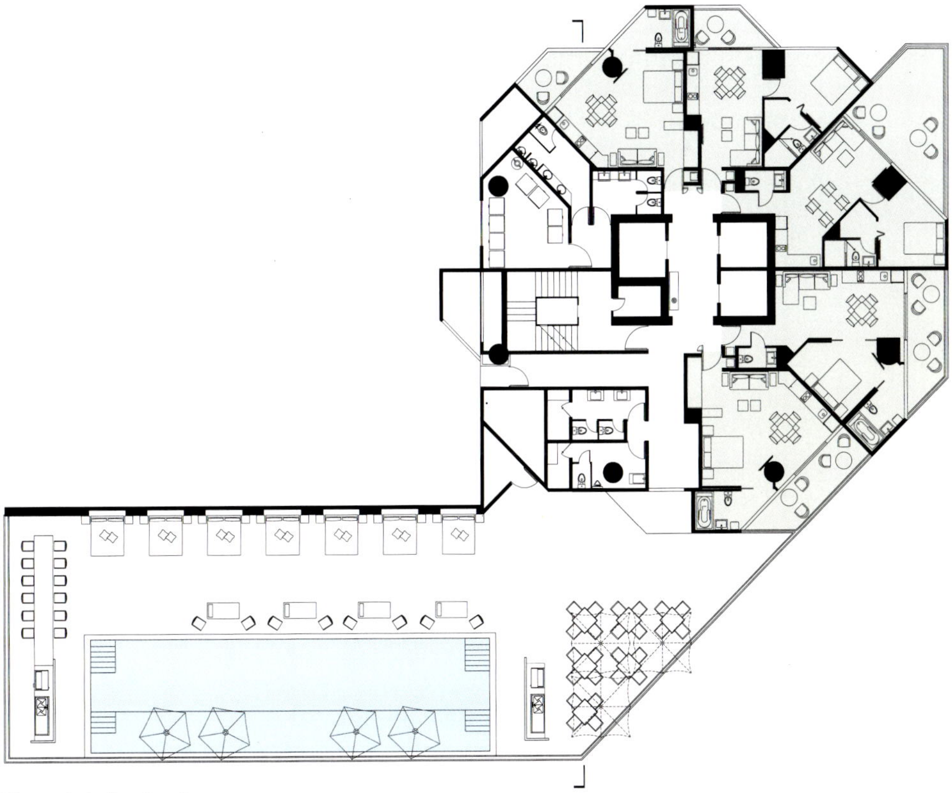

Planta nivel 3 **Level 3 plan**

62

Adamant Puebla II es un juego estratégico de planos verticales de concreto que forman escuadras estructurales que dan al espacio habitable su máximo potencial. Alberga ocho tipologías de departamentos. Al ofrecer distintas posibilidades, se asegura que la vida del edificio sea heterogénea, inclusiva, y que forme una verdadera comunidad en su interior. Los habitantes conviven dentro del complejo, comparten experiencias y también lo hacen en las áreas de amenidades que se encuentran cuidadosamente diseñadas en los pisos 26 y 27: salón de juegos, *skybar*, salón de yoga y pilates, salón de fiestas, spa y *lounge* para la relajación. El conjunto cuenta con una piscina de natación ubicada en el séptimo piso, que cumple una doble función: para el goce de sus habitantes y como recurso de diseño localizado arriba del estacionamiento.

El edificio se destaca por su sinceridad material, basada en tres elementos: el concreto, el cristal y los perfiles metálicos. Esta sencillez expresa una armonía balanceada, en la que el lujo se refleja en los detalles constructivos. La textura exterior responde al diseño de los balcones, que penetran y tejen la fachada de forma escultural, al tiempo que rompen con la monotonía de los diseños ortodoxos sin caer en el capricho. Esta agudeza formal también se desarrolla en el interior, donde los planos plantean circulaciones íntimas que confluyen en el núcleo de elevadores que dan servicio a todos los pisos y todas las áreas, optimizando los recorridos del usuario.

Como los demás proyectos de la firma, Adamant Puebla II asume la responsabilidad de hacer ciudad. La plaza de acceso al edificio es un espacio público que se dona a la urbe para su disfrute. Al cruzar el umbral de entrada, el cambio de materiales avisa al usuario que ha llegado a un complejo de lujo y confort para su bienestar.

ADAMANT PUEBLA II

2013–2015
PUEBLA, PUEBLA

Obra del Año 2016
Finalista, categoría Mejor obra del año del norte
Finalist, Best Building Work of the Year in the North

Adamant Puebla II strategically combines vertical concrete planes that form structural squares, maximizing the potential of the living spaces. The building's eight different apartment typologies ensure diversity and inclusivity for a genuine community to develop within. Residents share experiences in the complex and also while using the carefully designed amenities on floors 26 and 27: a games room, sky bar, yoga and pilates studio, events space, spa, and lounge. A swimming pool on the seventh floor serves a dual purpose: as somewhere for residents to enjoy and also as a design feature due to its placement above the parking area.

The building stands out for the sincerity of its three core materials: concrete, glass, and metal profiles. This simplicity expresses harmony, where luxury is found in the structural details. The balconies define the outer texture, as a sculptural means of penetrating and weaving together the façade, escaping the monotony of orthodox designs yet without being whimsical. In the interior, this formal incisiveness produces planes that suggest intimate routes that converge at the elevator nucleus that serves each floor and all areas, optimizing the circulation for residents.

Similarly to the studio's other projects, Adamant Puebla II takes responsibility for making the city. The building's entrance plaza is a public space for all to enjoy, and as residents cross the entrance foyer, the change of materials signals a shift into a luxurious and comfortable complex designed for their wellbeing.

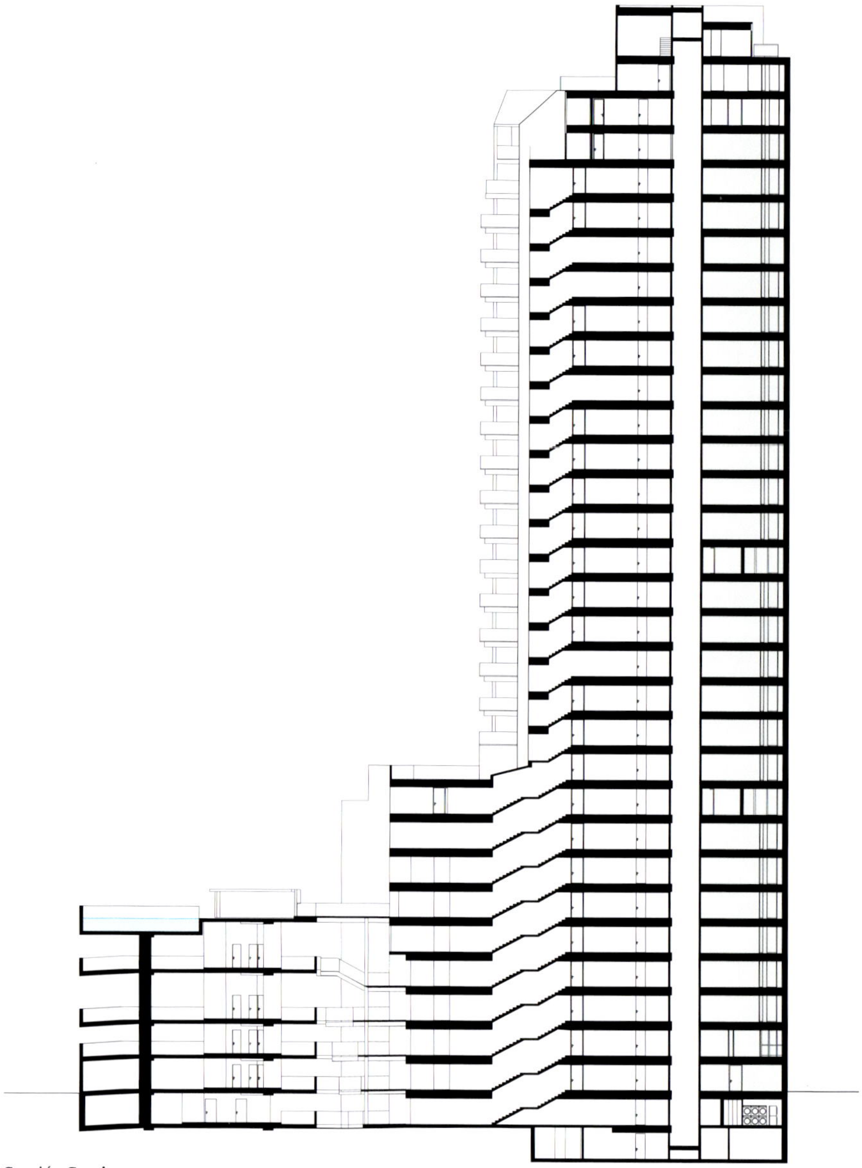

Sección **Section**

Planta nivel 4 **Level 4 plan**

Planta nivel 19 **Level 19 plan**

Planta baja **Ground floor plan**

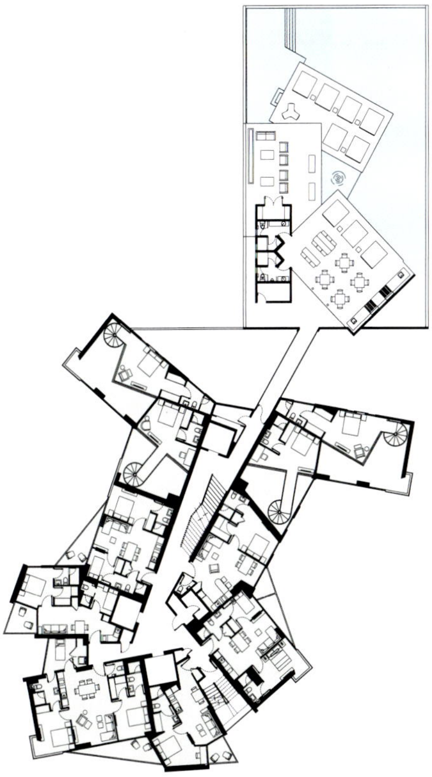

Planta nivel 7 **Level 7 plan**

70

Adamant Querétaro es el reflejo arquitectónico de este desarrollo; sin embargo, se diferencia contundentemente de su mercado por ser un proyecto que apuesta por la singularidad y el detalle. Deja a un lado la estandarización inmobiliaria y es consciente del contexto y de las necesidades contemporáneas de la población.

El proyecto es un referente urbano vertical: crece en la cima de la montaña, aprovechando la condición de un terreno sinuoso y en altura para extender sus proporciones hasta alcanzar el cielo. Se resuelve en dos torres de departamentos independientes que se unen en la parte baja de acceso y también en los últimos niveles, donde se encuentran las áreas comunes y las amenidades. Estas dos torres forman un vacío escultórico entre ellas, el cual aparece o desaparece a medida que la torre se observa desde las calles o la falda de la montaña. De esta manera, el edificio parece moverse con el usuario y nunca es el mismo, ya que juega con la perspectiva en el lugar y en el tiempo. Las torres tienen 29 niveles de departamentos y 175 unidades de vivienda en total. Hay 12 distribuciones distintas, con posibilidades de área desde los 47 m^2 hasta los 120 m^2. En la parte superior del edificio, donde se unen las amenidades, los niveles que interceptan las dos torres funcionan como una rótula arquitectónica que da movimiento y flexibilidad a la zona pública del proyecto.

El asoleamiento se diseñó a partir de terrazas profundas en cada departamento, para proteger del sol intenso las zonas habitables y de descanso. Este juego de planos constituye la piel estructural del edificio y plantea distintos ritmos de lectura espacial en su fachada. El material principal de construcción es concreto blanco enduelado, que acentúa la elegancia del complejo y al mismo tiempo coquetea con las nubes que transitan por sus cercanías.

ADAMANT QUERÉTARO

2013–2017
QUERÉTARO, QUERÉTARO

Adamant Querétaro is the architectural reflection of this development; however, it stands out from its counterparts for its unique qualities and details. Avoiding the standard real-estate model, it shows full awareness of its context and the needs of the local population.

The project is a vertical urban landmark, rising up from the crest of the hill, extending the proportions of the sinuous, elevated terrain up to the sky. The project consists of two independent apartment blocks joined at the ground floor entrance level and also at the upper stories that contain the communal areas and amenities. These two towers create a sculptural void in-between them, a gap that appears or disappears depending on whether the viewer is at street level or at the foot of the hill. In this way, the building appears to move with the user and has a constantly changing look depending on the perspective and time of day. The towers have 29 apartment floors and a total of 175 housing units with 12 different distributions and ranging from 47 to 120 square meters. At the upper part of the building, where the amenities are joined, the levels intercepting both towers function as an architectural ball joint that gives movement and flexibility to the project's public area.

The apartments' balconies are all set far back to provide shade from the strong sunlight within the living rooms and areas for relaxation. This use of planes constitutes the building's structural skin and proposes different spatial readings on its façade. The primary construction material is white concrete with formwork texture, highlighting the elegance of the complex and at the same time interacting playfully with the clouds passing by overhead.

(442) 245.6675

PAIN
IS
TEMPORARY
VICTORY
CYBEX

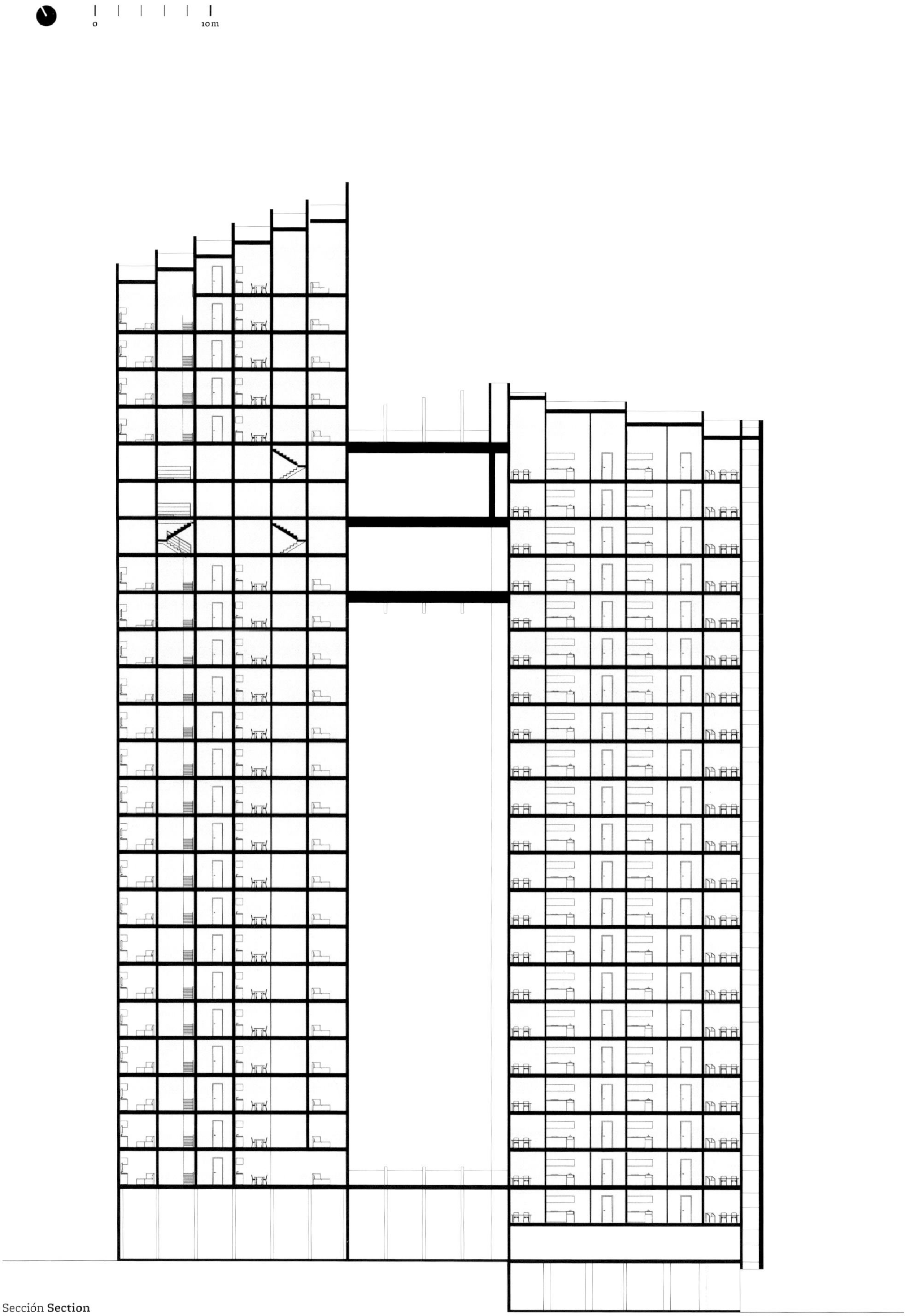

Sección **Section**

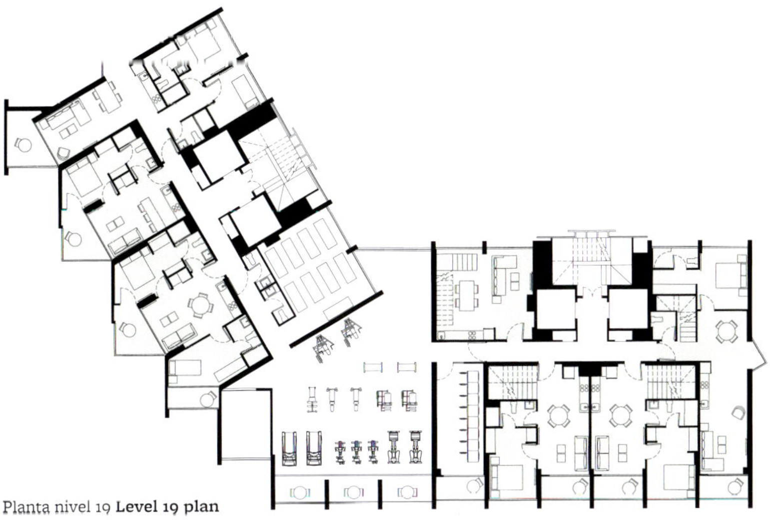

Planta nivel 19 **Level 19 plan**

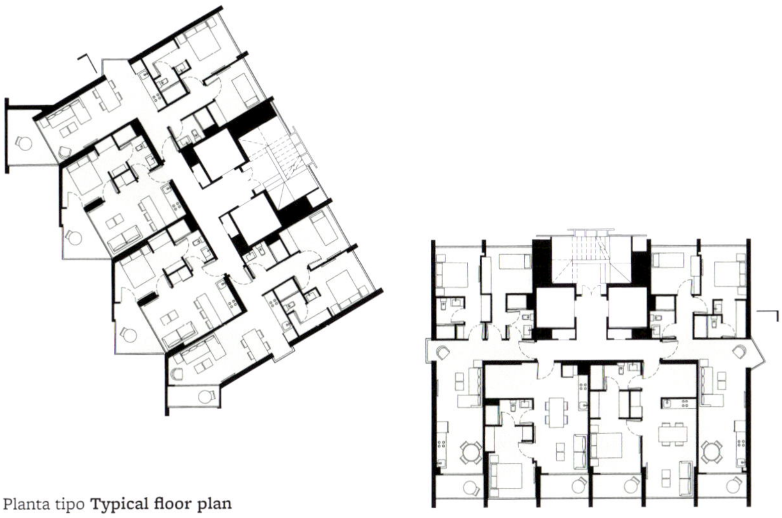

Planta tipo **Typical floor plan**

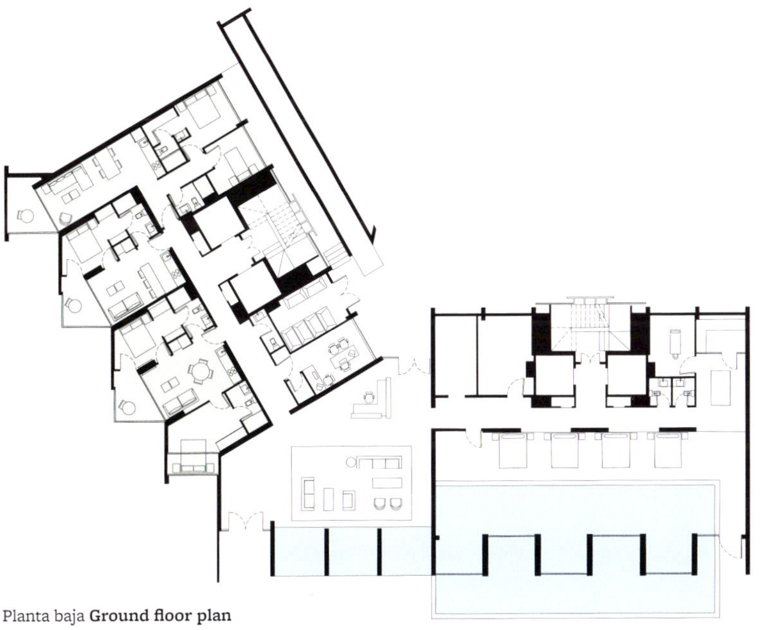

Planta baja **Ground floor plan**

82

Adamant León es un complejo habitacional que levanta el nivel de proyecto arquitectónico del estado de Guanajuato. Apuesta por las relaciones sociales adheridas a un contexto arquitectónico mediante la propuesta de modelos de departamentos e innovaciones en la modulación y circulación de los espacios interiores. Al mismo tiempo, el diseño audaz de las geometrías desarrollado en su estructura constructiva dibuja un hito en la familia de edificios de la ciudad de León, perfilándose para ser, muy probablemente, el protagonista del nuevo y edificante *skyline* del estado.

Es un caleidoscopio arquitectónico. Su forma nace del más preciso ejercicio de diseño, que combina geometría y espacio. Es un edificio que se transforma a medida que es observado desde distintos puntos de la ciudad, un crisol de lujo, practicidad espacial y soluciones innovadoras.

La imbricada fachada y la morfología general del proyecto provienen de su solución estructural, un ritmo de lajas portantes que dictan la pauta de las transiciones dentro y fuera del edificio. Estos muros de carga hacen una retícula que articula y otorga predominio estético a los elementos verticales, las lajas que se abren y cierran para dialogar entre los llenos y los vacíos. Las esquinas del edificio son superficies cóncavas que contrastan visualmente con la ortogonalidad de los planos rectores. Esta composición imprime movimiento al cuerpo principal de la construcción, configurando una transición desde lo orgánico hacia lo racional y viceversa.

Cuenta con 170 departamentos que se distribuyen de 11 maneras distintas en 16 niveles de construcción y van desde los 35 m^2 hasta los 114 m^2. Los departamentos nacen de un esfuerzo por romper con los ritmos repetitivos tradicionales para dar lugar a modulaciones y vestibulaciones únicas, que atiendan a las necesidades de sus habitantes y les ofrezcan la máxima capacidad de espacio y áreas útiles.

ADAMANT LEÓN

2013–2017
LEÓN, GUANAJUATO

Adamant León is a housing complex raising the bar for architecture in the state of Guanajuato. Prioritizing community connections within an architectural context, this project offers apartment models and innovations in its interior modulations and circulations. The structure's bold geometrical designs create a landmark for the city of León and is set to become a point of reference on the state's new and uplifting skyline.

A work of kaleidoscopic architecture, Adamant León's design is marked by an attention to detail that combines geometry and space. The building's appearance shifts depending on the viewer's perspective, offering luxury, smart use of space and innovative solutions.

The complex's structure produces its staggered façade and overall morphology; a series of load-bearing walls mark transitions both inside and outside the building. These supporting walls create a grid that articulates and gives aesthetic priority to the vertical elements, while the walls open and close in dialogue with the voids and solids. The building's corners are concave surfaces in visual contrast to the right-angles of the guiding planes. This composition adds a dynamic quality to the construction's main volume, producing a transition from the organic to the rational and vice-versa.

The program consists of 170 apartments in 11 different distributions on 16 floors of construction ranging from 35 to 115 square meters. The apartments are designed to break away from traditional, repetitive rhythms to allow for modulations and unique lobby areas, meeting residents' needs and maximizing space and usable areas.

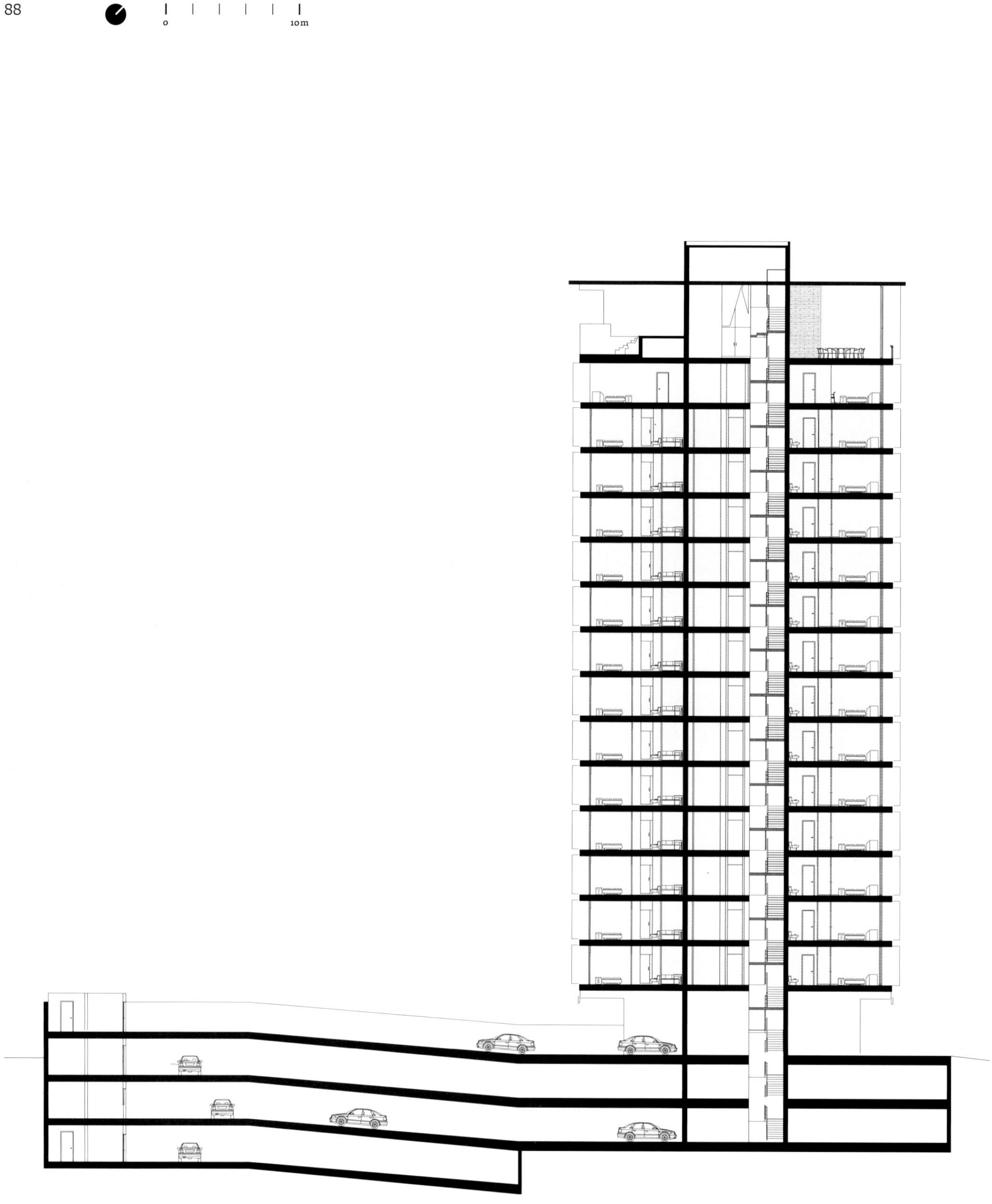

Sección **Section**

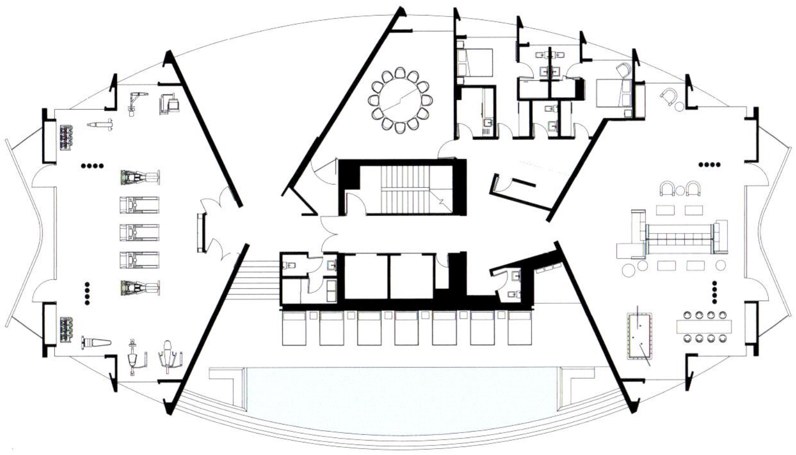

Planta nivel 17 **Level 17 plan**

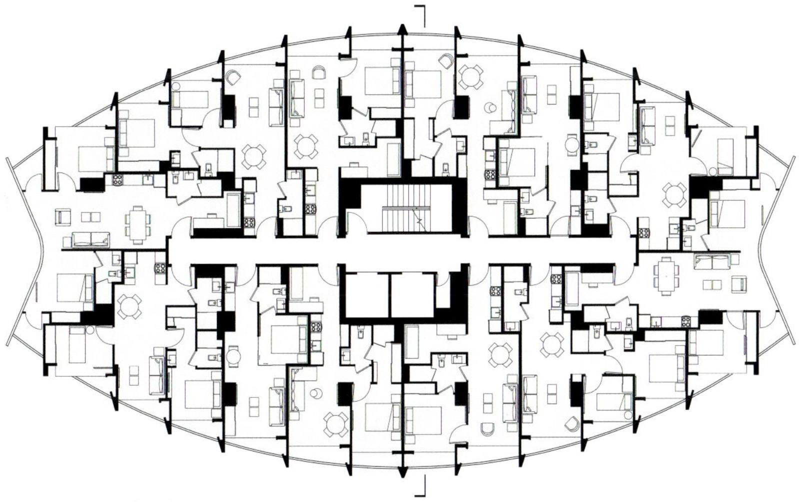

Planta tipo **Typical floor plan**

92

Adamant Tijuana es un complejo residencial ubicado en Baja California, México. La volumetría general del edificio está compuesta por la intersección de sus terrazas y parasoles, en una suerte de retícula texturizada de proporciones elegantes y rítmicas. El complejo está coronado por un marco de concreto expresionista que desdibuja la partición geométrica del edificio al romper el ritmo y consolidar su estética. Esta partición de ángulos, cuidadosamente diseñada, arroja una terraza por departamento para que los habitantes no se sientan limitados dentro de cuatro paredes y puedan tener contacto con el exterior, así como las mejores vistas de la ciudad, en un espacio de esparcimiento propio. El edificio se levanta en el remate de la calle y suma al contexto urbano un elemento de presencia que hacía falta para reafirmar el nuevo crecimiento de la zona. Adamant Tijuana es hito arquitectónico y escultura urbana: la curvatura de su terreno dibuja una torsión rítmica en su diseño, en contraste con la ortogonalidad del resto de sus geometrías.

Las condiciones de asoleamiento de la zona fueron estudiadas en profundidad para poder utilizar recursos sustentables como *brise soleils* que amortiguaran el sol agreste del norte de México. Las proporciones del edificio caminan como camina el sol, de manera que los habitantes pueden disfrutar de las mejores temperaturas y condiciones climáticas sin recurrir al aire acondicionado, gracias al ejercicio de diseño de parasoles y ventilaciones cruzadas. El proyecto cuenta con 200 departamentos que van desde los 36 m² hasta los 160 m² y ofrecen 14 diferentes distribuciones en 26 niveles, estacionamiento, áreas comunes para la convivencia y las amenidades más lujosas y equipadas. Así, los usuarios pueden desarrollar su vida privada y al mismo tiempo construir comunidad en las áreas que favorecen la convivencia entre los vecinos.

Adamant Tijuana mezcla en un mismo contenedor arquitectónico lujo, practicidad y modernidad. Responde a las necesidades de sus habitantes y procura dotarlos de bienestar y sentido de comunidad.

ADAMANT TIJUANA

2015–2017
TIJUANA, BAJA CALIFORNIA

Titan Property Awards 2021
Primer lugar, categoría Rascacielos
First Place, Residential High Rise

The Plan Award 2021
Finalista, categoría Vivienda
Finalist, Housing

Architecture MasterPrize 2021
Mención honorífica, categoría Rascacielos
Honorable Mention, High Rise Buildings

Obras de Impacto en construcción 2017
Finalista, categoría Desarrollo habitacional
Finalist, Housing Development

Obra del Año 2015
Finalista, categoría Mejor obra del año del norte
Finalist, Best Building Work of the Year in the North

Adamant Tijuana is a residential complex in Baja California, Mexico. The building's core geometry consists of the intersection of its terraces and brise-soleils in a type of texturized grid of elegant and rhythmic proportions. The complex is crowned by an expressionist concrete frame that blurs the building's geometric partition by disrupting the pattern and consolidating its aesthetic appearance. This carefully designed partition of angles creates a terrace for every apartment to give an open feel to the interiors for residents to enjoy contact with the outdoors and the best views of the city in their own relaxed space. The building rises where it abuts the street and complements the urban context with its powerful presence needed to bolster the area's growth. Adamant Tijuana is an architectural landmark and urban sculpture: the plot's curve produces a rhythmic twist in its design in contrast to the right angles of the rest of its geometry.

The strong sunlight in this area was carefully studied in order to use sustainable resources such as brise-soleils that reduce the solar glare of northern Mexico. The building's proportions shift in line with the sun's movement to ensure comfortable temperatures without the need for air conditioning, thanks to the use of sunshades and cross ventilation. The project's 200 apartments have 14 different distributions and range from 36 to 160 square meters; with 26 stories, including a parking area, communal living areas and the most luxurious and well-equipped facilities. In this way users can live their private lives and at the same time build a community in areas designed to foster neighborly relations.

Adamant Tijuana combines luxury architecture, practicality, and modernity—meeting its residents' needs and offering them a place of well-being and community.

Certus

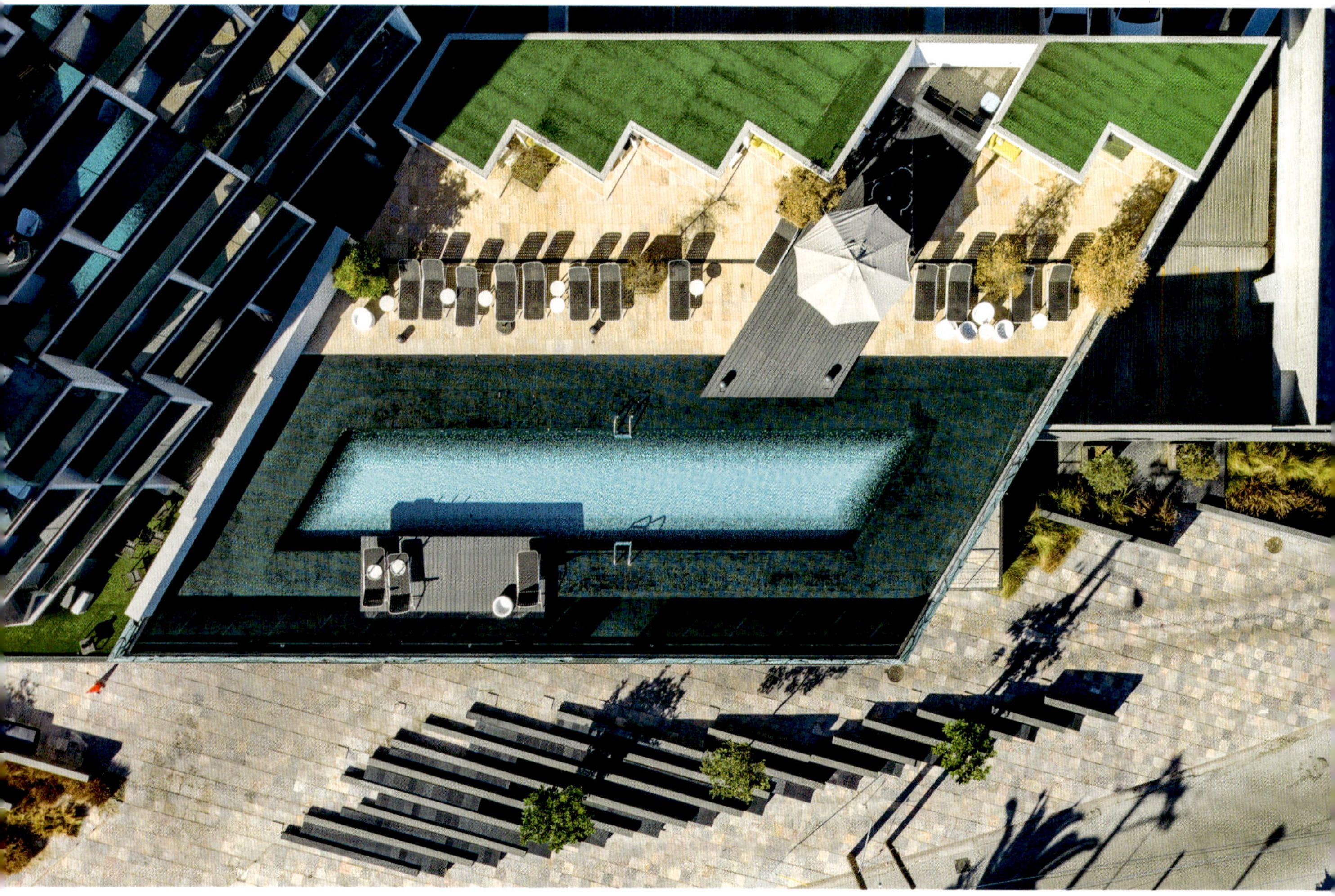

0 5m

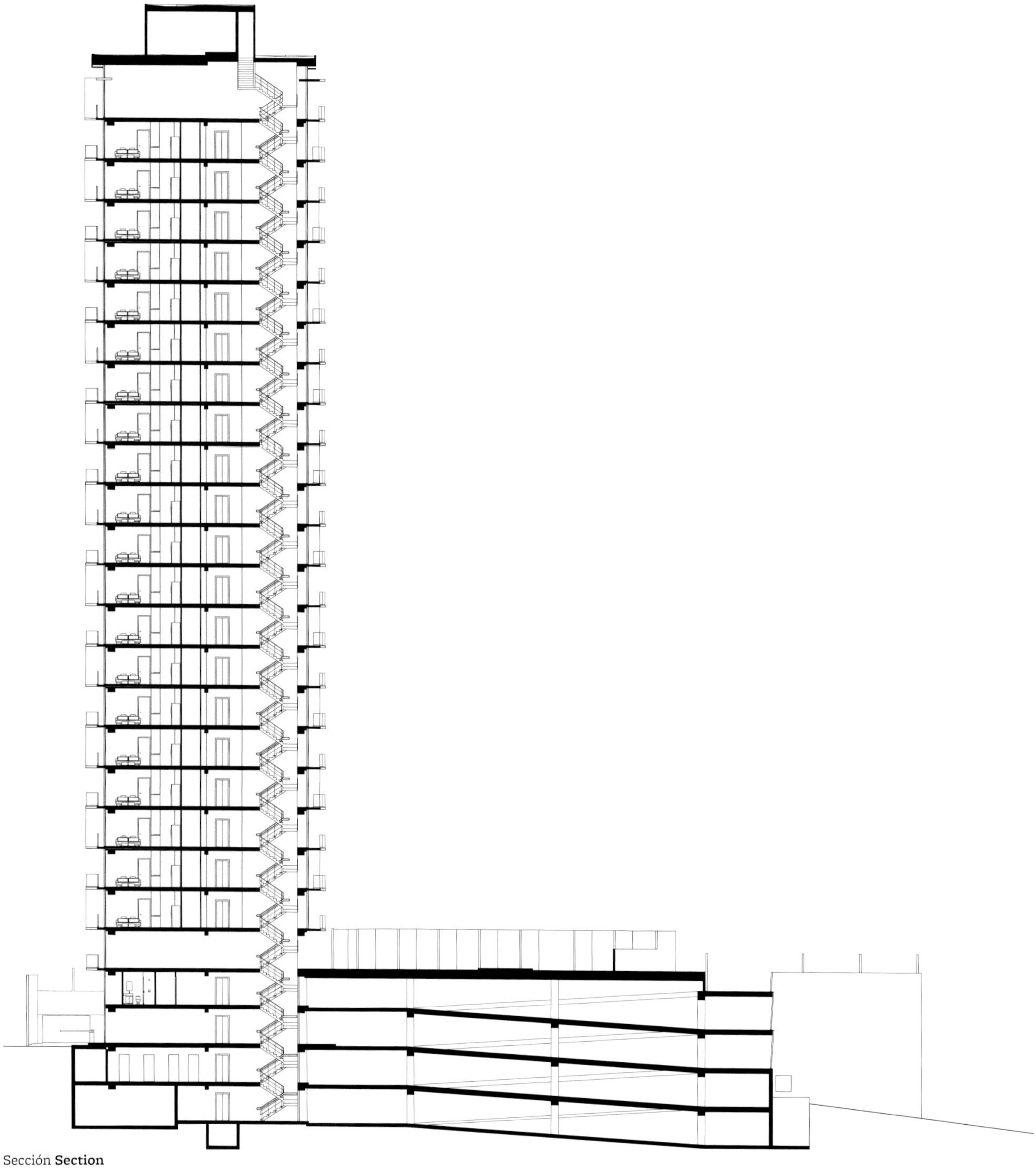

Sección **Section**

Planta tipo **Typical floor plan**

Planta amenidades **Amenities plan**

Calimax
SYMMETRY GYM
Applebees
ENTRADA

106

Adamant Mérida es el más joven desarrollo de la familia Adamant. Ubicado en Yucatán, México, exhibe con frescura nuevos cánones de vivienda en el entendimiento de su contexto. Como parte del nuevo desarrollo urbano Cabo Norte, se emplaza en el mejor lugar de todo el complejo: en el encuentro del lago mayor y el lago menor, un sitio en el que Adamant se posiciona naturalmente como hito de la composición urbana.

Se trata de un proyecto ágil, que rinde tributo a su tiempo y diseña la practicidad y el lujo de una nueva manera, al exaltar la fortuna del entorno en el que se erige y modelar una verdadera elegancia tropical. La poderosa geometría se levanta en vertical para crear cabezales en el aire, que dan forma a una imponente silueta estructural de concreto, acero y cristal en la cual la fachada no es sólo ornamento, sino mucho más que eso: un sistema estructural que se desdobla en balcones y parasoles para cuidar el asoleamiento del complejo.

La alberca y las amenidades son lugares pensados exclusivamente para el disfrute de la comunidad del complejo. El estacionamiento expuesto se convierte en una plancha para amenidades al aire libre, con una piscina al infinito que remata visualmente contra el lago, multiplicando la percepción de su escala, y unas terrazas con mobiliario de diseño que permite una experiencia sublime. Las amenidades interiores se encuentran en los últimos pisos de las torres para potenciar al máximo la vista al horizonte y darles otro sentido a las prácticas diarias de ejercicio o permitir una mayor relajación cuando se toma una copa en el bar.

Adamant Mérida es un lugar planeado en todos sus aspectos, una arquitectura sumamente contemporánea que logra dialogar en forma atemporal con el poderoso contexto natural, al tiempo que respeta y multiplica el poder de la naturaleza dentro del espacio habitacional.

ADAMANT MÉRIDA

2015–2020
MÉRIDA, YUCATÁN

Premio Noldi Schreck 2021
Finalista, categoría Vivienda multifamiliar +60 m²
Finalist, +60 m² Multifamily Housing

TITAN Property Awards 2021
Primer lugar, categoría Real Estate
First Place, Real Estate

Adamant Mérida is the youngest member of the Adamant family. Located in Yucatán, Mexico, this project offers a fresh take on context-sensitive housing complexes. In a prime location within Mérida's new Cabo Norte residential development, at the intersection between the large and small lakes, Adamant has naturally become an urban landmark.

This flexible project pays tribute to its time and takes a new approach to practicality and luxury by extoling its spectacular surroundings and giving shape to true tropical elegance. Its strong geometry rises vertically to create rotated volumes in the air, forming a powerful contour of concrete, steel, and glass where the façade is by no means just an ornament; it is a structural system broken down into balconies and brise-soleils to minimize solar gain.

The swimming pool and amenities are designed exclusively for the complex's residents. The open-air parking lot becomes a recreational area, with an infinity pool blending visually into the lake, multiplying the perception of its scale, and some terraces with outdoor furniture designed to create sublime experiences. The indoor facilities are located on the towers' top floors to maximize panoramic views and add a new twist for those doing their daily exercise or enjoying a relaxing drink at the bar.

With its detailed planning, Adamant Mérida's uncompromisingly contemporary and timeless architecture is in dialogue with the magnificent natural context, respecting and empowering nature within the residential space.

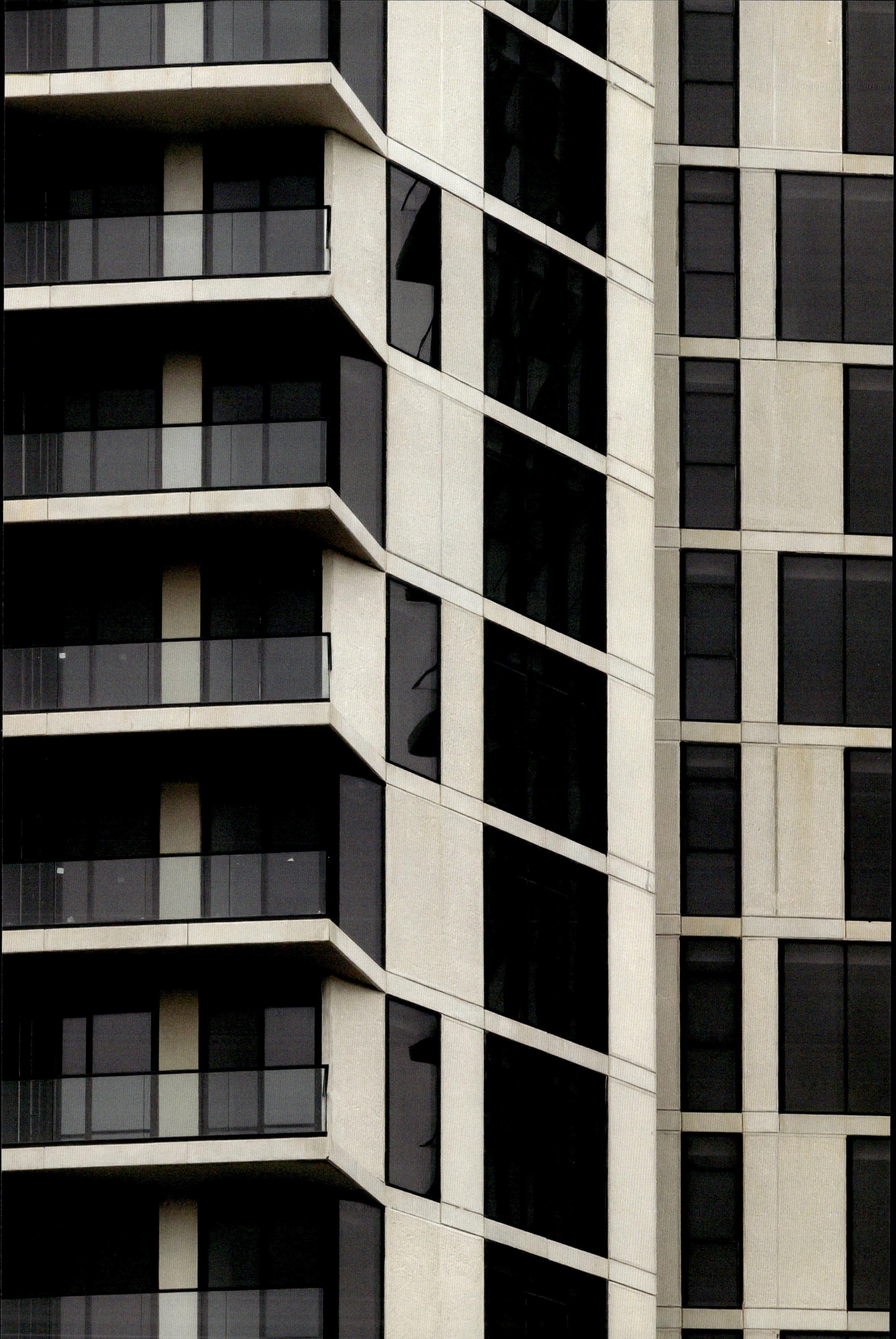

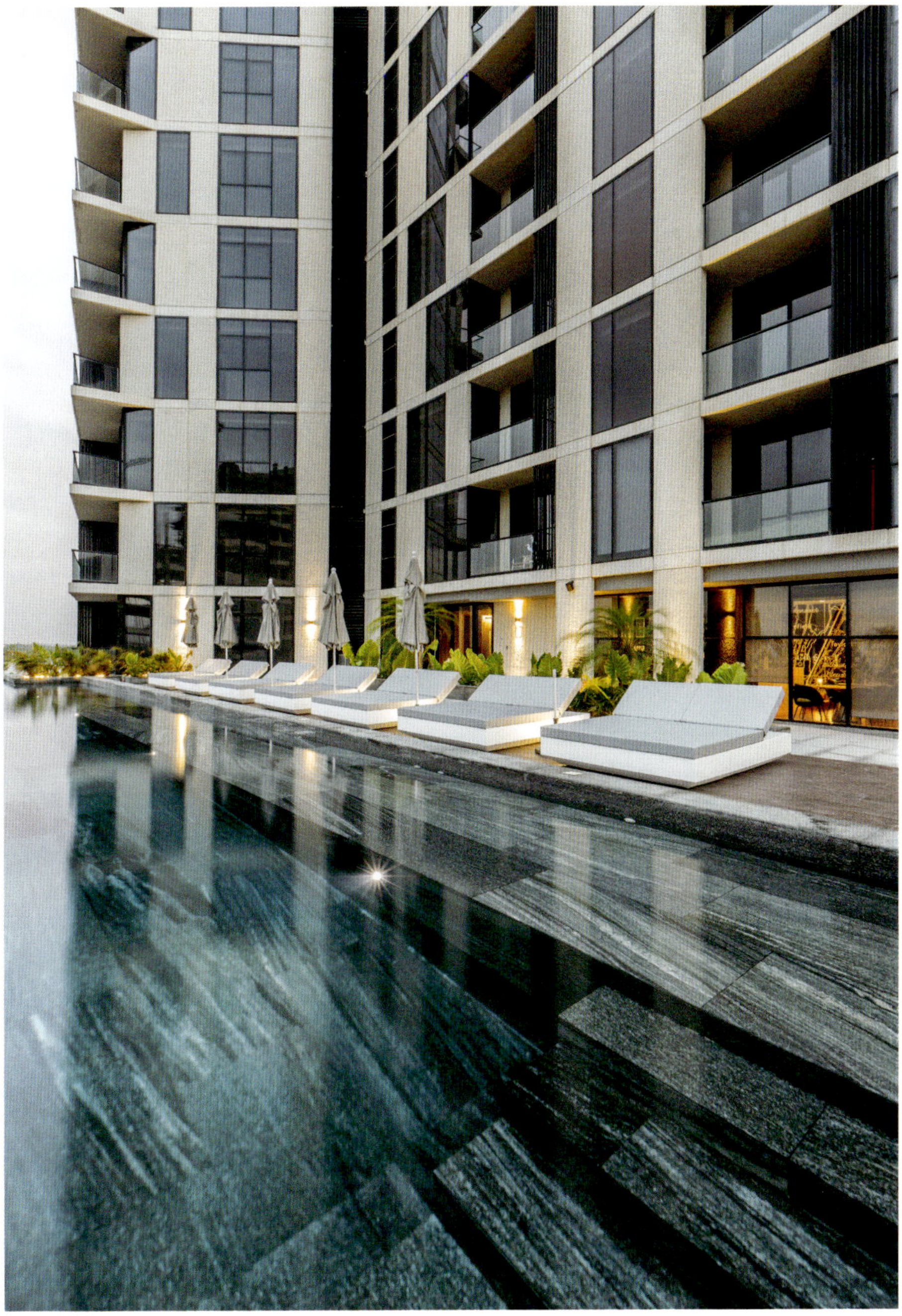

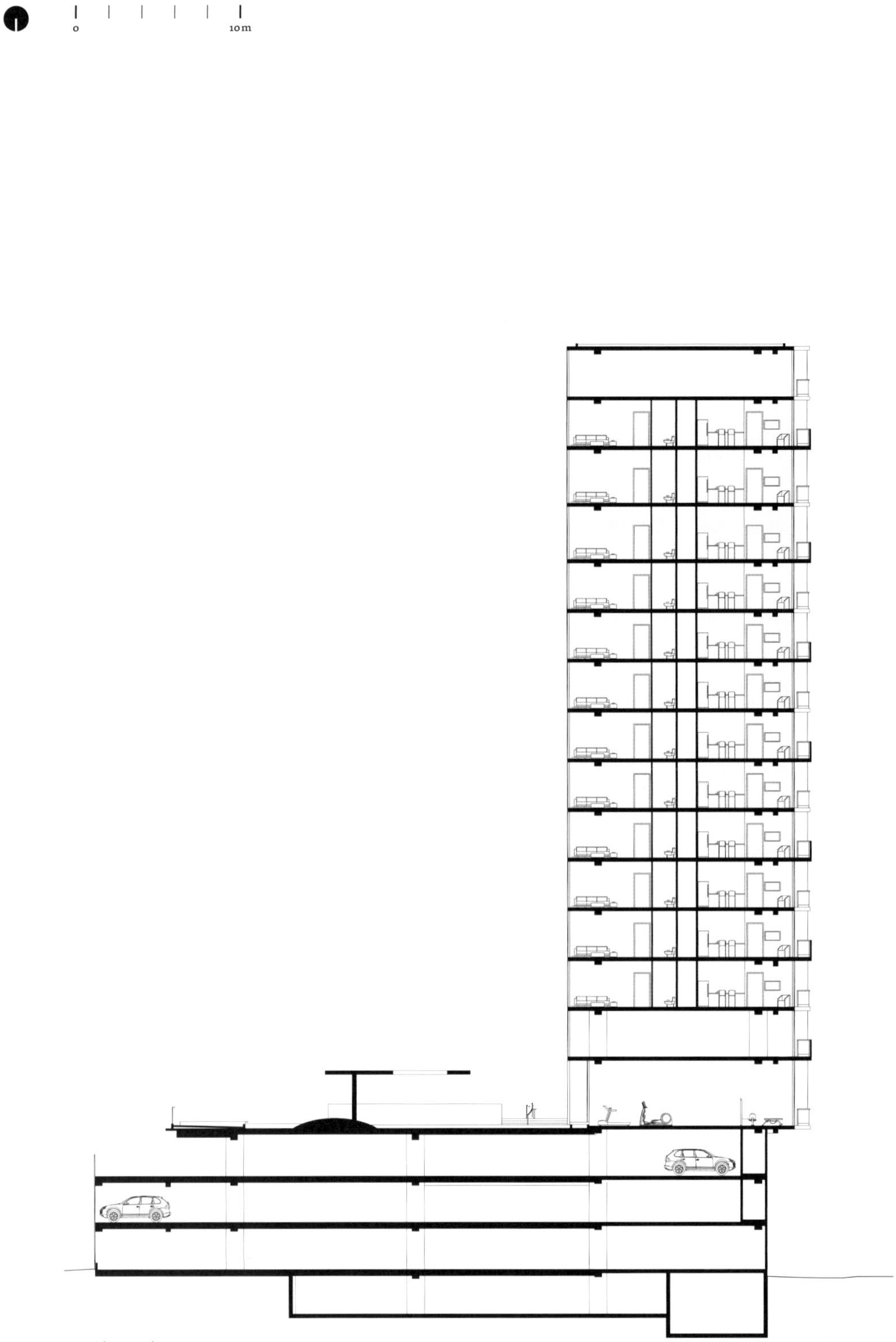

Sección **Section**

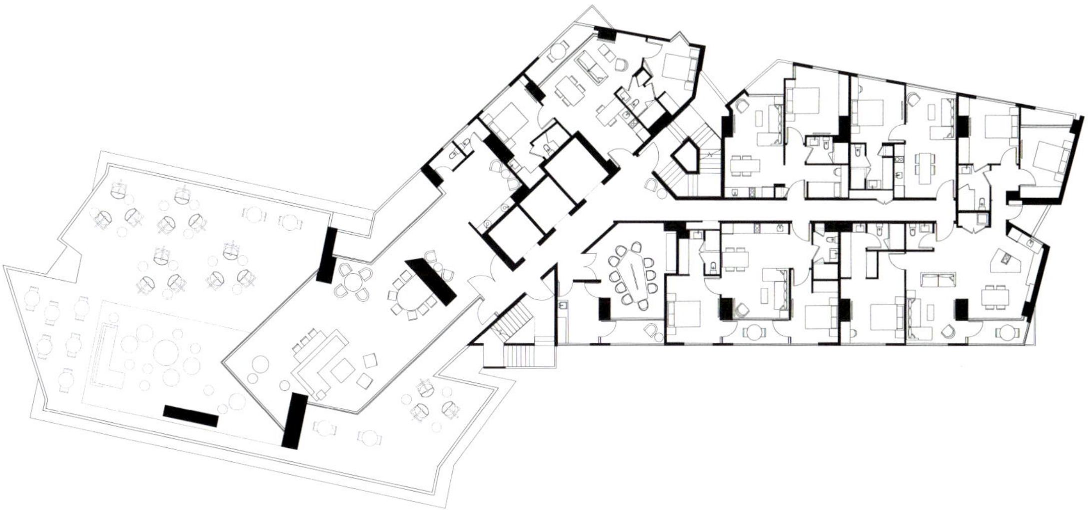

Planta nivel 17 **Level 17 plan**

Planta tipo **Typical plan**

Planta tipo **Typical floor plan**

118

El proyecto consiste en dos torres que albergan tanto espacios de negocios como amenidades, áreas comunes, locales comerciales y estacionamiento. Los dos volúmenes juegan entre ellos armónicamente hasta desfasarse y dibujar una elegante torsión que se abre al cielo para sacar provecho a la mayor cantidad de vistas panorámicas hacia el exterior.

Los materiales responden al sistema constructivo con el que trabaja el edificio. Principalmente en las fachadas, donde se concluye con cristal y cartelas de aluminio para el control solar, colocadas cuidadosamente a distintas profundidades, se logra un trazo que gana en perspectiva y juego óptico. El pragmatismo arquitectónico de Level permite la armonía entre su diseño, estructura, uso y operación.

Los locales comerciales de las plantas bajas son más amplios, para lograr un acercamiento con la vida de la calle, y a medida que la torre crece y se aleja del pavimento, se hace esbelta y ofrece concentración y privacidad al usuario. Hacia la mitad de la altura del edificio se despliegan las terrazas que alojan las amenidades. Estos espacios de convivencia y disfrute permiten la socialización y la construcción de comunidad.

El uso del espacio público se diseñó con sentido lúdico, mediante una rampa que al penetrar describe un movimiento armónico al tiempo que va creando espacios de convivio e integración para los usuarios, a través de una plazoleta y la gradería, que a su vez funciona como un conector entre el frente y el fondo del edificio, es decir, entre la calle y un jardín interior que otorga frescura al proyecto. La integración plástica de unos volúmenes de roca escultórica suspendida entre los planos crea un contraste de materiales entre los paneles de fibrocemento negros, de gran lujo, y lo crudo y natural de la roca.

Level es una pieza importante en la construcción de una ciudad joven y pujante como Querétaro.

LEVEL QUERÉTARO

2016–2023
QUERÉTARO, QUERÉTARO

This project consists of two mixed-use towers with business spaces, amenities, communal areas, stores, and parking. Both volumes work together harmoniously, with one slightly set back from the other, twisting elegantly as they climb in order to offer the widest panoramic views.

The materials reflect the building's construction system. Mainly on the façades that employ glass and aluminum corbels as brise-soleils, carefully placed at different depths to produce an eye-catching optical effect of expansion from the viewers' perspective. Level's practical architecture creates a harmonious balance between design, structure, use, and operation.

The lower-floor stores are more ample for closer contact with the street, and the tower becomes slenderer as it rises away from the road, producing a private, secluded space for users. Terraces halfway up the building contain the amenities and an area for socializing and entertainment to help create a community.

The playful design of the public space includes a ramp for a harmonious movement as it penetrates the building while also creating spaces where users can gather, through a small plaza and steps, which in turn connect the building's front and rear; in other words, between the street and an interior garden that gives a freshness to the project. The visual integration of sculptural stone volumes suspended between the planes creates a contrast of materials among the panels of black fiber cement, a touch of luxury combined with the raw natural strength of rock.

Level is a principal element in the construction of a young and thrusting city like Querétaro.

OFICINAS EN PREVENTA
THANK YOU

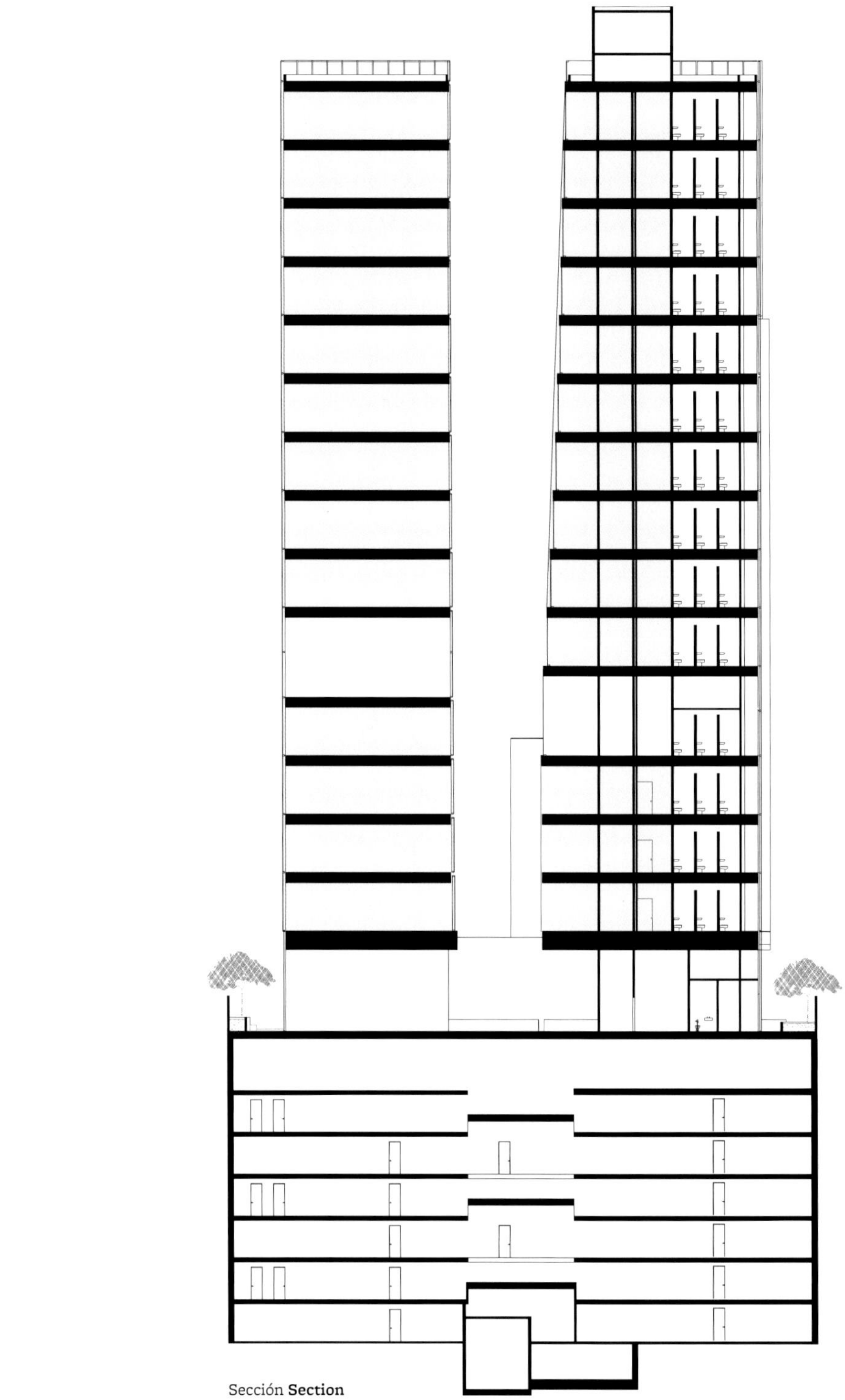

Sección **Section**

Planta tipo oficinas **Offices typical plan**

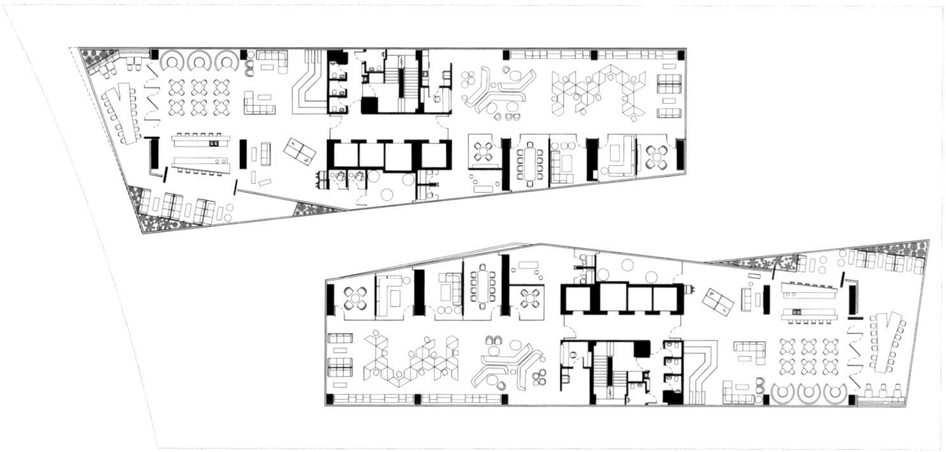

Planta amenidades **Amenities plan**

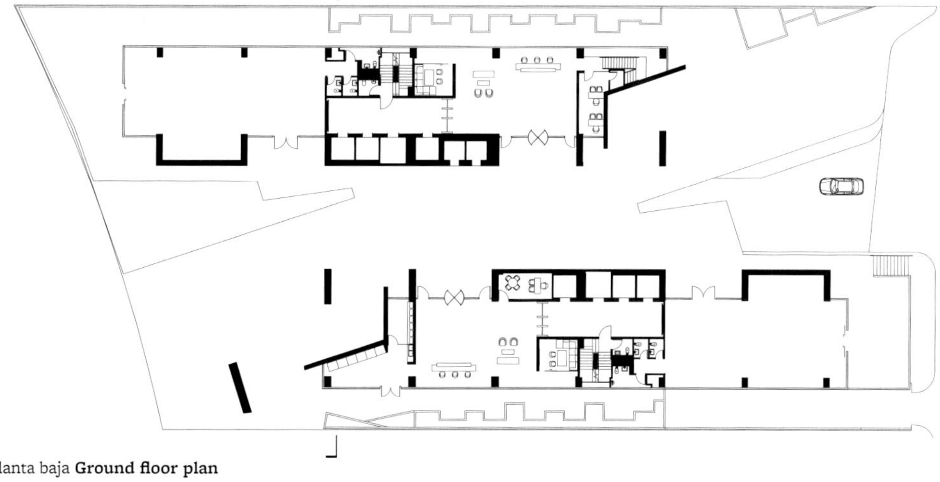

Planta baja **Ground floor plan**

132

El Centro de Estudios y Templo OD, ubicado en una de las colonias más emblemáticas de la Ciudad de México, es un recinto enfocado en la preparación y formación religiosa, así como un lugar de culto del judaísmo. El programa arquitectónico se desarrolla en cuatro niveles y un sótano, girando internamente la nave del edificio hacia el oriente, de acuerdo con la tradición del rezo en esa dirección.

El concepto del proyecto se basa en la interacción de dos cuerpos, uno dado por la forma rectangular del terreno y otro que incorpora el programa principal, con un ángulo de rotación al Este, con lo que se crea una crujía que marca el acceso al inmueble y la circulación por sus espacios públicos y privados. Una fachada remetida de cristal define la entrada peatonal, proporcionando luz natural al *lobby*. Esta entrada de luz se va modulando una vez que se entra en el edificio, a través de techos con formas geométricas que producen diferentes sensaciones en los volúmenes que albergan las diferentes áreas del programa. Todos los espacios del Centro de Estudios están iluminados naturalmente con entradas de luz vertical.

La naturaleza de los materiales promueve un ambiente cálido. El tabique aparente, por su nobleza y humildad, fue elegido como el material principal de construcción. Predomina en los espacios públicos y en la fachada que da a la calle, donde la disposición del tabique crea una piel particular para cada uno de los muros en los que se aplica. También se combina con mármol en algunas paredes y pisos.

El Centro de Estudios y Templo OD es un edificio discreto y silencioso, cuya expresión arquitectónica llega al esplendor mediante el baile de la luz solar sobre sus muros interiores, en su recorrido por la sucesión de volúmenes que siempre miran hacia el cielo buscando alcanzar la divinidad.

CENTRO DE ESTUDIOS Y TEMPLO OD

2016

EN PROCESO **IN PROCESS**

CIUDAD DE MÉXICO

BTL Built Design Award 2021
Primer lugar, categoría Diseño arquitectónico-religioso y espiritual
First Place, Architectural Design-Religious & Spiritual

International Design Awards 2022
Primer lugar, categoría Diseño arquitectónico-religioso y espiritual
Second Place, Architectural Design-Religious

DNA Paris Design Award 2021
Primer lugar, categoría Arquitectura educacional y deportes
First Place, Architecture / Educational & Sports

The OD Study Center and Temple, located in one of Mexico City's most iconic neighborhoods, is a complex designed for religious education and training, as well as a Jewish place of worship. The architectural program is developed across four floors and one basement level, internally rotating the building's main hall eastward, the traditional direction of prayer.

The Center's concept is based on the interaction between two bodies: one created by the plot's rectangular shape and the other that incorporates the main program, with an eastward angle of rotation to produce a bay that indicates the entrance to the building and the circulation through the public and private spaces. A set-back, glass façade defines the pedestrian access and bathes the lobby in natural light. This lighting is modulated once inside the building, through roofs with geometric shapes that produce different sensations in the volumes housing the program's different areas. Every space within the Study Center has natural overhead lighting.

The palette of materials creates a cozy feel: the exposed brick, thanks to its noble and modest qualities, was chosen as the main construction material. It predominates in the public spaces and on the façade looking onto the street, where the brickwork forms a particular skin for each one of the walls where it has been laid. It also combines with marble on some walls and floors.

The OD Study Center and Temple is a discreet, silent building whose architecture expresses magnificence through the sunlight that dances across the interior walls, on its passage through the series of volumes that always look upward to the sky in search of the divine.

OR DAMESEK

0 5m

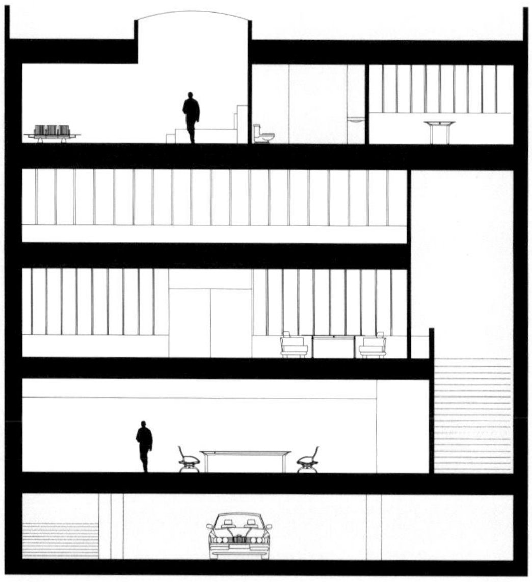

Sección transversal **Transversal section**

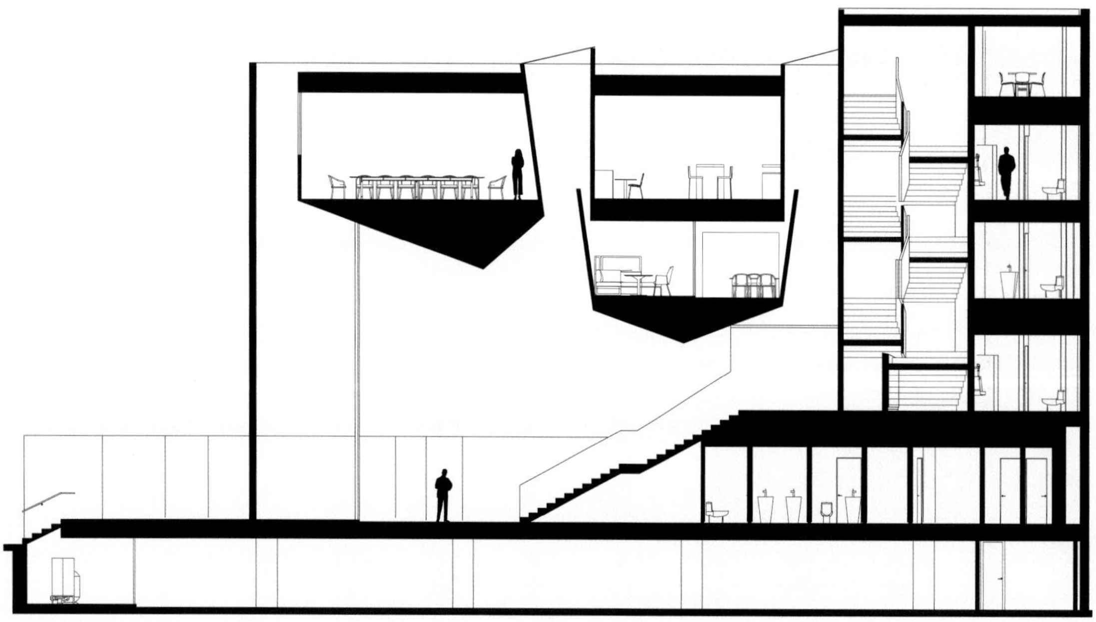

Sección longitudinal **Londitudinal section**

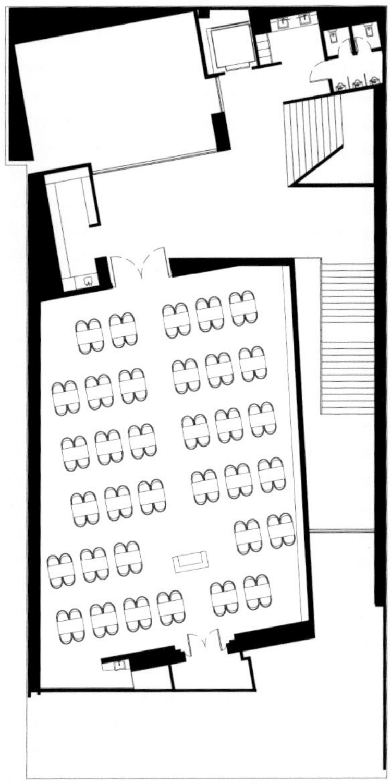

Planta nivel 1 **Level 1 plan**

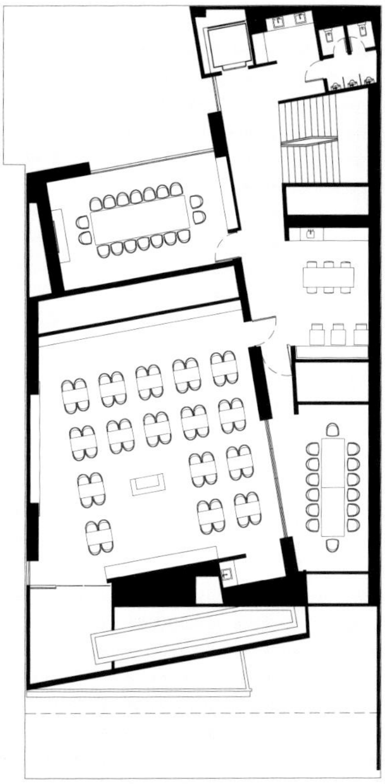

Planta nivel 3 **Level 3 plan**

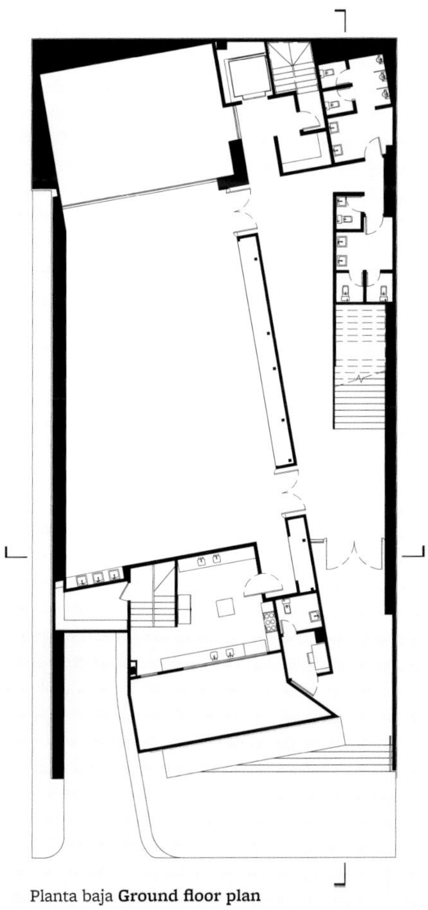

Planta baja **Ground floor plan**

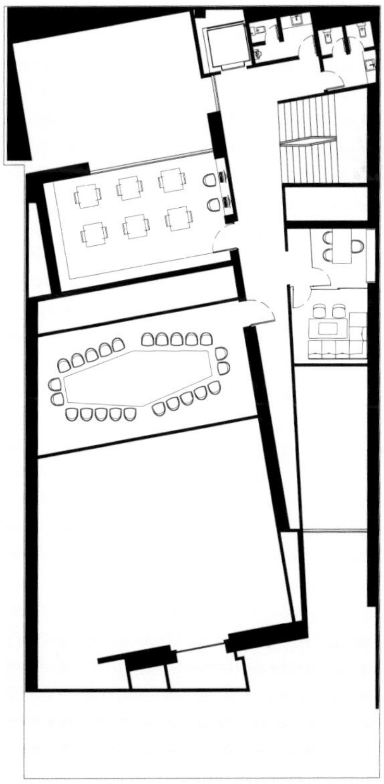

Planta nivel 2 **Level 2 plan**

140

En Tijuana, ciudad conocida por su dinámica social y urbana, se desplanta un doble proyecto de vivienda que responde a los múltiples requerimientos de una urbe fronteriza. La torre se localiza estratégicamente en la cabecera de una manzana que albergaba el antiguo toreo, a fin de obtener la mayor privacidad con el menor ruido posible. El diseño de Mayer Hasbani (MH) entreteje dos programas de vivienda en una misma estructura, cada uno con un enfoque de mercado distinto y funciones completamente independientes. Al alzar la vista, la plástica de cada fachada expresa su personalidad particular: la fachada norte da su carácter a Adamant y la fachada sur a Adamant Grand.

La distribución de los departamentos de cada bloque se basa en una crujía de viviendas que convergen en un cuerpo central, donde se albergan los elevadores. Poderosos muros en forma de H solidifican su interior, mientras que los cuerpos del edificio se desfasan esbeltos para liberar las visuales y delinear una delicada entrecalle. Tectónicamente, los dos cuerpos están unidos por un marco que descansa en el podio de tres niveles de estacionamiento sobre el nivel peatonal.

La particular dualidad del volumen se define desde el acceso principal, que transforma su escala para insertarse en el resto de la colonia. La porción norte abre su fachada en los pisos 18 y 19, que albergan las amenidades, para formar una terraza con vista a la ciudad. El resto de la fachada se compone de un juego de mallas para protección solar que permiten separar las terrazas y ocultar la posición de los equipos de aire acondicionado. Por otro lado, la fachada sur ostenta una mayor superficie de muros debido a las condiciones del asoleamiento.

Así, la lectura plástica y funcional del modelado de bloques trasciende la simple extrusión para ofrecer a la ciudad de Tijuana una nueva composición de altura. Con gran detalle, MH logra hacer converger dos edificios en uno mediante una estética inteligente, que rompe con la unidimensionalidad.

ADAMANT GRAND TOREO

2017
EN PROCESO **IN PROCESS**
TIJUANA, BAJA CALIFORNIA

In Tijuana, a city known for its social and urban dynamics, this dual housing project responds to the multiple requirements of a border city. The tower is located strategically at the end of a block on the site of a former bull ring (*toreo*), in a position that offers the greatest possible privacy and protection from sound pollution. The design combines two housing programs within a single structure, each one destined for a different target market and with completely independent functions. Each façade has its own personality: Adamant facing north, Adamant Grand facing south.

The distribution of the apartments in each block is based on a bay of units that converge in a central body that contains the elevators. Strong H-profile walls give the interiors solidity, while the building's volumes are slenderly staggered to provide views and mark a subtle groove. Structurally, both bodies are joined by a frame that rests on the three-level parking platform at the pedestrian level.

The volume's particular duality is defined from the main entrance, with a scale that transforms to become part of the neighborhood. The northern section's façade opens up on levels 18 and 19, the amenity floors, to form a terrace with views onto the city. A series of brise-soleils on the rest of the façade separate the balconies and conceal the air-conditioning equipment. Meanwhile, the southern façade has more wall surfaces to reduce solar gain.

The blocks' visual and functional treatment therefore transcends a simple extrusion and presents the city of Tijuana with a new skyline. With its close to attention to detail, MH has blended two buildings into one with an intelligent aesthetic that avoids one-dimensionality.

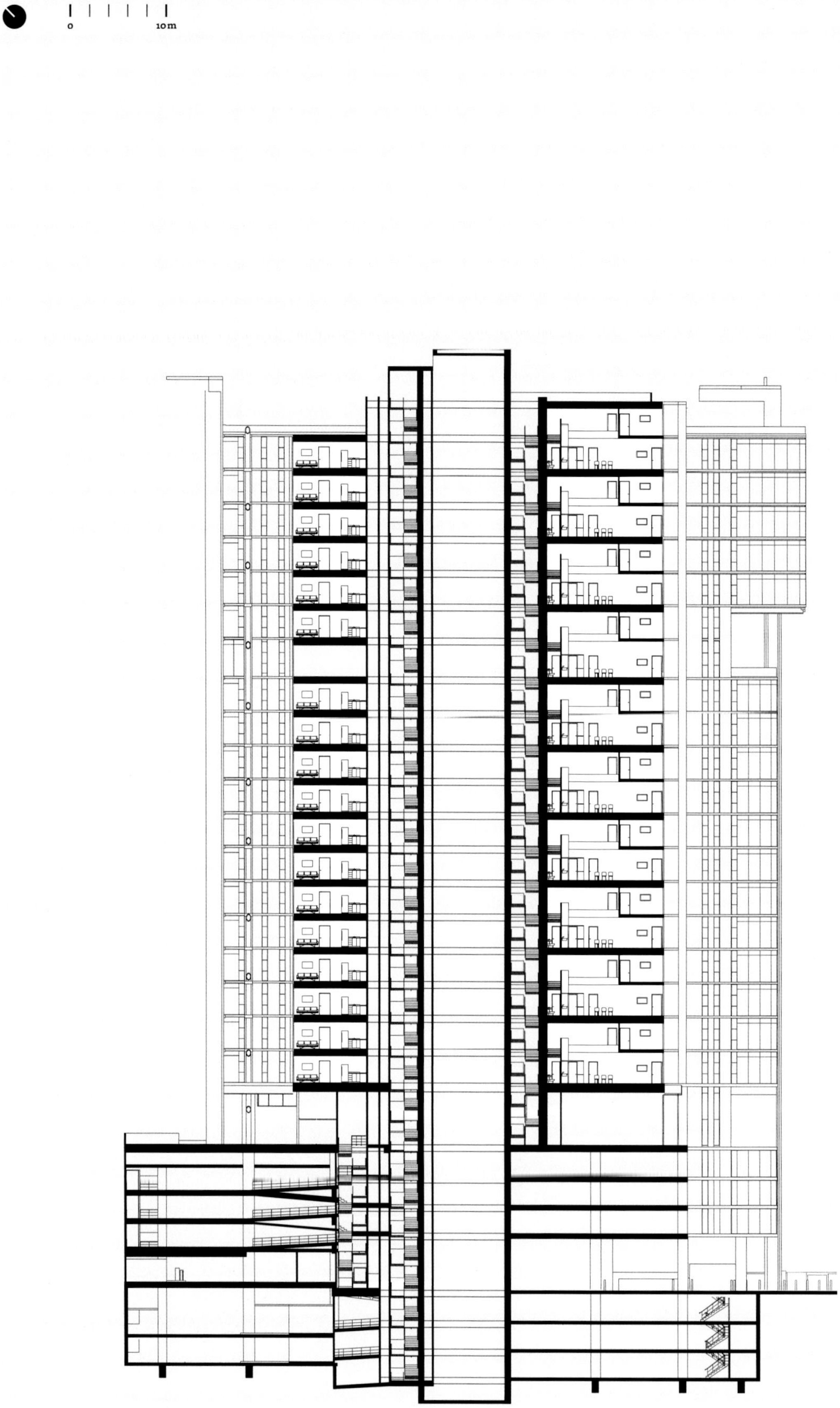

Sección **Section**

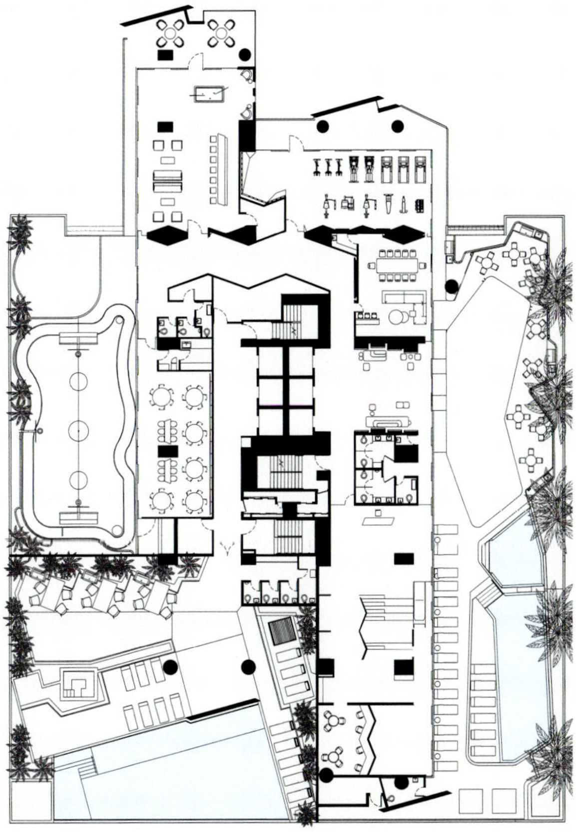

Planta nivel 4 **Level 4 plan**

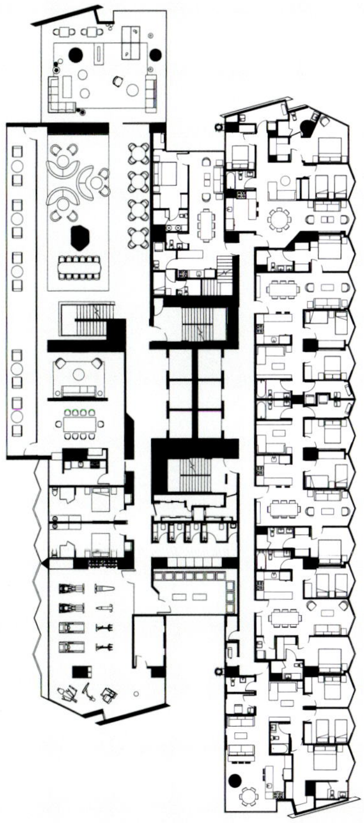

Planta nivel 18 **Level 18 plan**

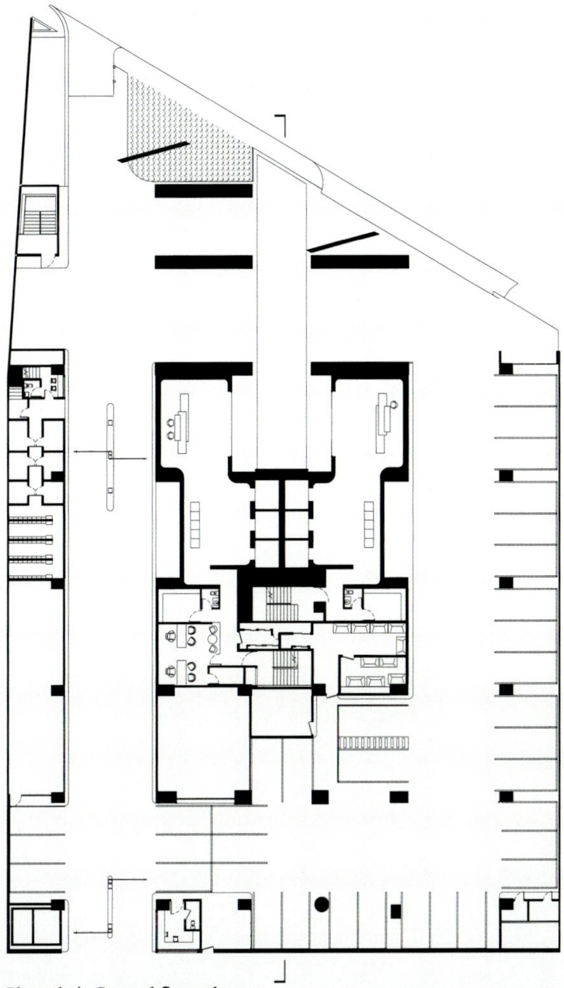

Planta baja **Ground floor plan**

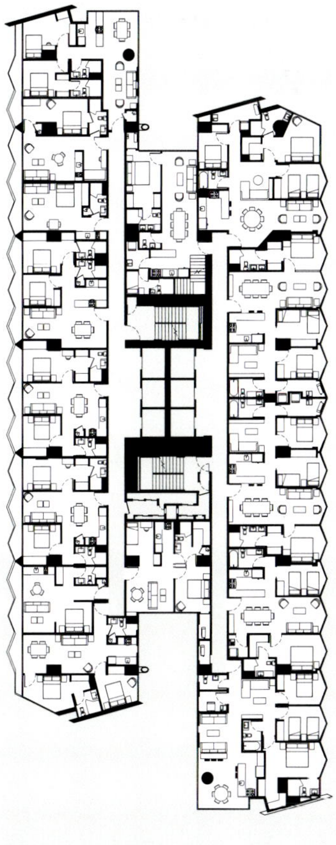

Planta tipo **Typical plan**

150

Ubicado en una de las zonas de más alto crecimiento y desarrollo, este proyecto aborda la densificación y el uso mixto en una ciudad con pocos ejercicios de verticalidad en su trama urbana.

La superficie del terreno se subdivide para distribuir el programa arquitectónico en dos volúmenes. La sección pública se destina al uso comercial y de oficinas, mientras que la sección interna cumple con el programa residencial y de jardines privados. Los accidentes topográficos crean un desnivel natural que se aprovecha para escalonar el estacionamiento y culminar en una plaza que se expande sobre el nivel de la banqueta, abriéndose hacia el espacio público de la zona.

Ambos volúmenes son resultado de un quiebre geométrico que rompe la simetría para ofrecer una visual hacia la ciudad, mientras que los cuerpos paralelos se escalonan para crear terrazas. Con esta estrategia, más de la mitad de la superficie de los techos se convierte en un espacio habitable.

La fachada de la torre de oficinas y comercios fue resuelta en cristal continuo, lo que dota de transparencia e iluminación natural los interiores, mientras que el exterior refleja la ciudad. En la torre de viviendas, los muros protegen la privacidad, pero los balcones permiten el contacto con el exterior, en una retícula a 45° que aprovecha las vistas diagonales.

Desde la plaza, la torre de oficinas y comercios se alza sobre delicadas cartelas que alternan con la transparencia del cristal para delinear la silueta del edificio. Los pórticos que surgen de esta estructura dan cabida a los comercios. Los primeros dos niveles constituyen la sección comercial, mientras que los siguientes albergan un nuevo concepto de microoficinas en condominio con áreas comunes.

ADAMANT LEVEL CAMPESTRE

2017
EN PROCESO **IN PROCESS**
LEÓN, GUANAJUATO

MUSE Design Awards 2022
Ganador, categoría de Diseño de Arquitectura uso mixto
Winner, Architectural Design Mixed-use

The OPAL Award 2021
Primer lugar, categoría Desarrollo de uso mixto
First Place, Mixed-use Development

Located in a particularly dynamic and developing part of the city, this project supports densification and mixed-uses in an urban area where vertical constructions are rare.

The plot's subdivision distributes the architectural program into two volumes. The public area is designed for commercial and office space, while the internal area meets the requirements of the residential program and private gardens. The uneven terrain produces a natural change in level used to create a terraced parking area leading to a plaza that extends outward at the level of the sidewalk, opening up to the area's public zone.

Both volumes are the result of a geometric division that breaks up the symmetry to offer views over the city, while the parallel bodies are staggered to create terraces. With this strategy, more than half the roof area becomes an inhabitable space.

The façade of the office block and stores was completed with continuous glazing that creates transparency and natural lighting for the interiors, while the exterior reflects the city. In the residential block, the walls offer privacy while the balconies create contact with the exterior, in a 45-degree grid that makes use of diagonal views.

From the plaza, the office block and stores are raised on delicate brackets that alternate with the transparency of glass to outline the building's silhouette. The porticos that emerge from this structure create the room for the commercial premises. The first two levels are used for commercial premises, while the next ones house a new concept of micro-offices that share space with the communal areas.

CAFETERIA
CAFETERIA

WAKE UP

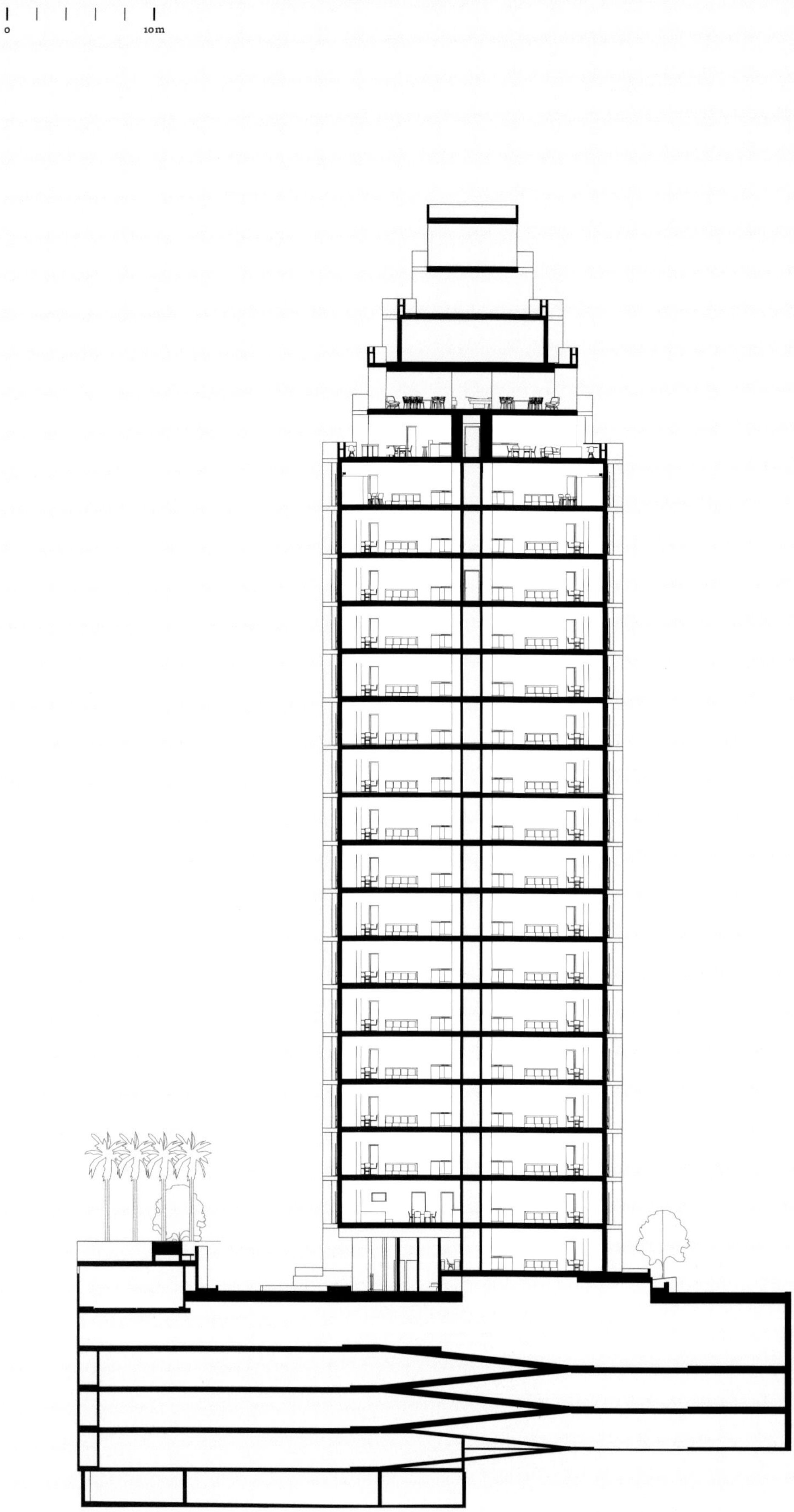

Sección **Section**

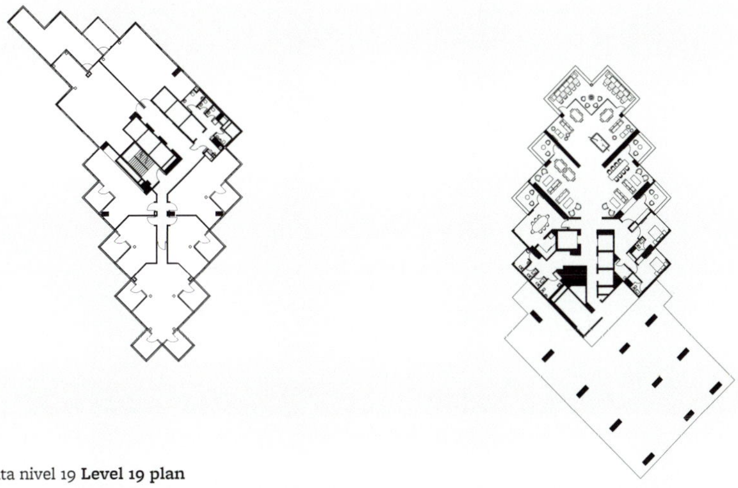

Planta nivel 19 **Level 19 plan**

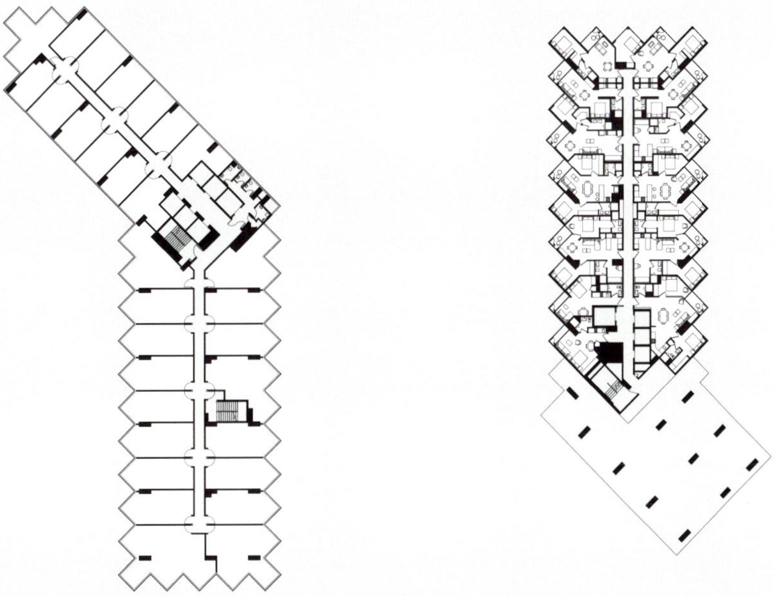

Planta tipo **Typical plan**

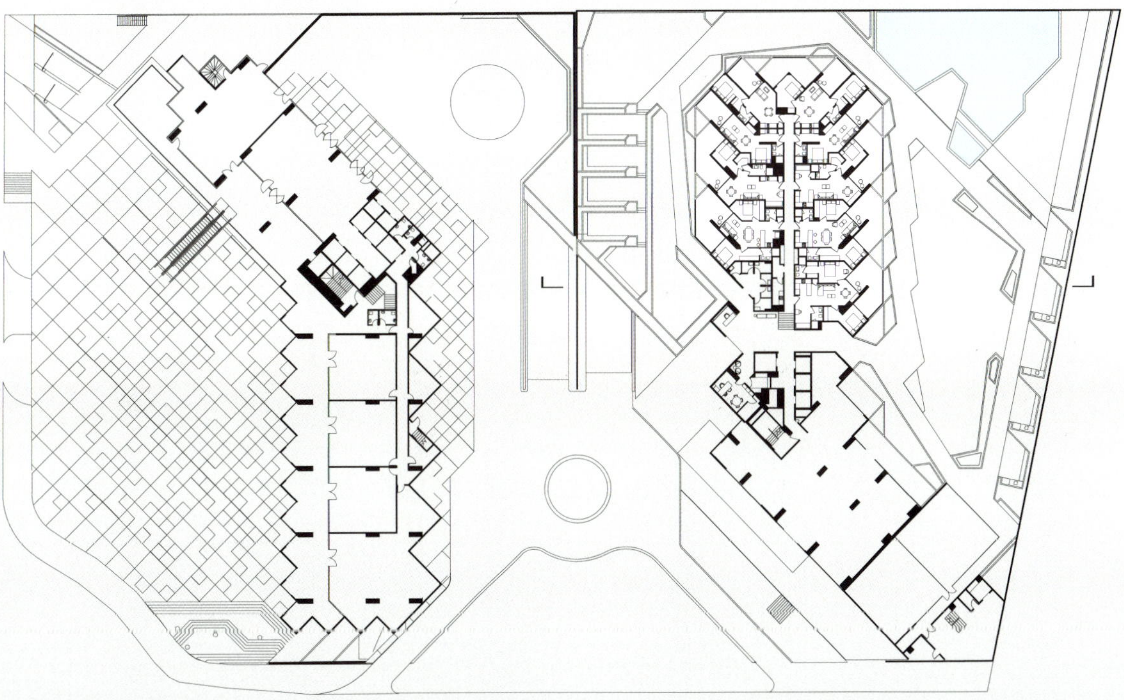

Planta de conjunto **General plan**

162

OVVA es un conjunto de tres torres, dos de viviendas y una de oficinas, que se desplantan en un terreno de 9000 m² sobre el paisaje urbano de Tijuana. Al erigirse por encima del nivel de piso a partir de los edificios de amenidades y la casa club, se generan terrazas a modo de jardines elevados que brindan mayor privacidad y seguridad.

Aunque comparten la misma huella y acabados, la distribución y las fachadas de las tres torres tienen tipologías distintas. Para las oficinas se han dispuesto cristales y precolados a paño, con lo que se obtiene mayor eficiencia energética. En el interior, los espacios de trabajo individuales son compactos, pues se da prioridad a las áreas comunes para ofrecer a los usuarios dinamismo y fluidez de movimiento.

Las torres de vivienda, de 23 y 20 niveles, cuentan con terrazas y balcones que de alguna manera expanden las habitaciones y áreas comunes, llevando la vida interior hacia afuera y viceversa. La estructura se resuelve en ambos casos mediante precolados de concreto blanco, a manera de pretil o barandales, con lo cual se da forma a los balcones. La intención es proteger los interiores de la radiación solar y reducir los requerimientos técnicos, como el aire acondicionado y las instalaciones eléctricas.

La casa club se despliega en tres niveles y conecta la calle con el jardín. Se pensó así para que funcione como un cuerpo independiente que concentre el área social. Las amenidades están compuestas por jardines, una cancha de pádel tenis, espacios deportivos y un área para mascotas.

Desde el acceso se aprecia la geometría ovalada presente en todos los espacios. Las torres tienen una entrecalle que delimita la forma del óvalo al tiempo que pone de relieve los interiores ortogonales, en cuyo diseño predominan los tonos neutros, las telas crudas y los materiales orgánicos.

OVVA

2021

EN PROCESO **IN PROCESS**

TIJUANA, BAJA CALIFORNIA

Global Future Design Awards 2021
Primer lugar, categoría Desarrollo de uso mixto
First Place, Mixed-use Development

MUSE Design Awards 2022
Primer lugar, categoría Diseño de Arquitectura uso mixto
First Place, Architectural Design Mixed-use

TITAN Property Awards 2022
Primer lugar, categoría Desarrollo de uso mixto
First Place, Mixed-use Development

OVVA is a set of three towers—two with residential units and one containing offices—distributed on a 9,000-square-meter plot in Tijuana's urban landscape. The decision to raise the project above ground level through the amenity buildings and club house creates terraces in the form of elevated gardens that provide greater privacy and security.

Although they have same footprint and finishes, the distribution and façades of the three towers have different typologies. For the offices, glazing and borderless precast concrete panels crease energy efficiency. Inside, the individual workspaces are smaller to give priority to the communal areas to offer users dynamism and fluid movement.

The residential blocks—of 23 and 20 stories—have terraces and balconies that to some extent expand the rooms and communal areas, taking the interior life outside and vice versa. The structure is resolved in both cases through pre-cast white concrete, like a handrail, which shapes the balconies. The intention is to protect the interiors from solar gain and to reduce the need for equipment such as air conditioning and electrical installations.

The club house is developed on three levels and connects the street to the garden. This design allows it to work as an independent body that concentrates the social area. The amenities include gardens, a tennis court, sports areas, and a dog-walking area.

The ovoid geometry of all the spaces is visible from the entrance. The towers have a groove that defines the oval form at the same time as placing the orthogonal interiors into relief, with a design which predominantly consists of neutral tones, natural-hued fabrics, and organic materials.

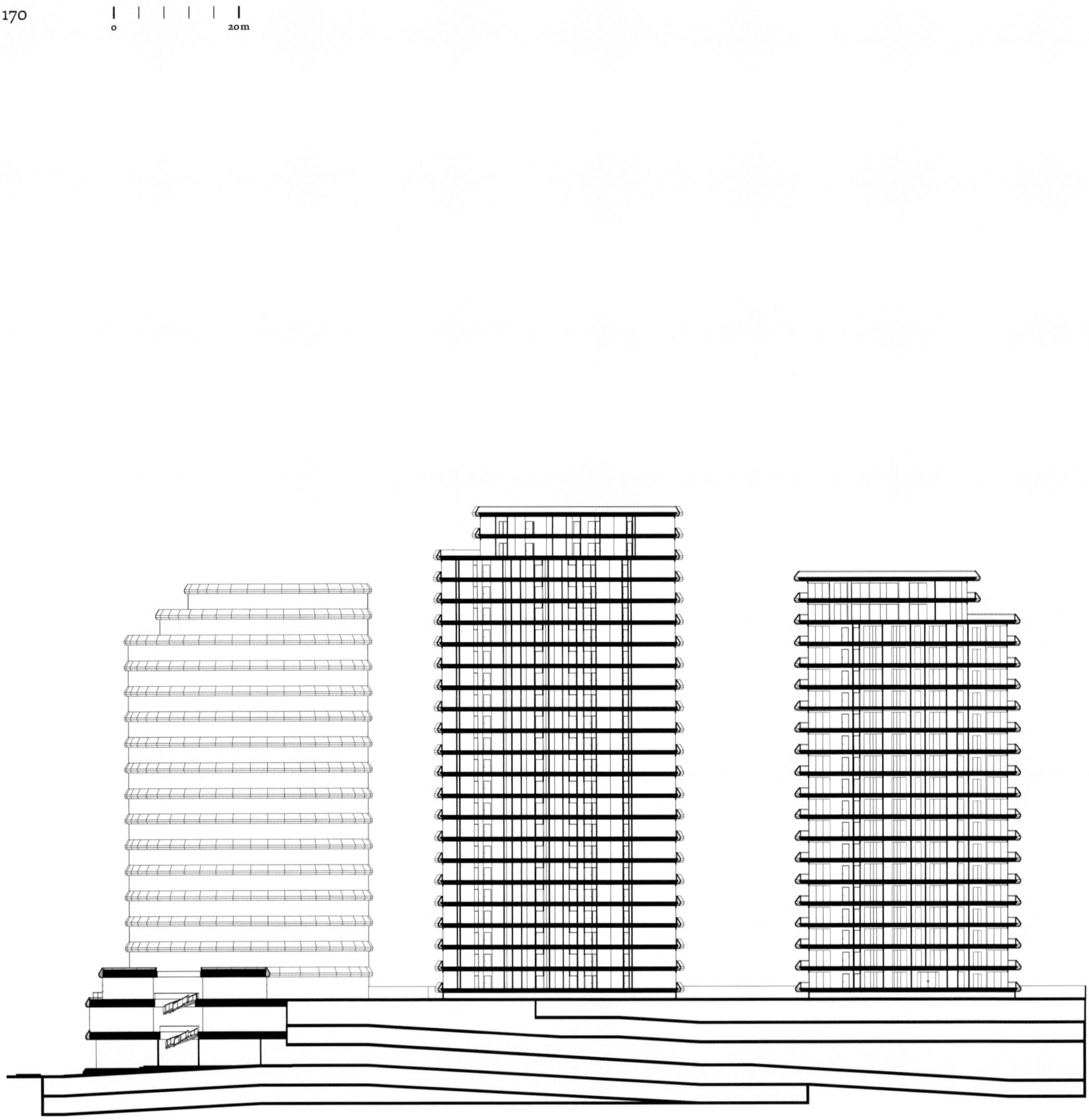

Sección **Section**

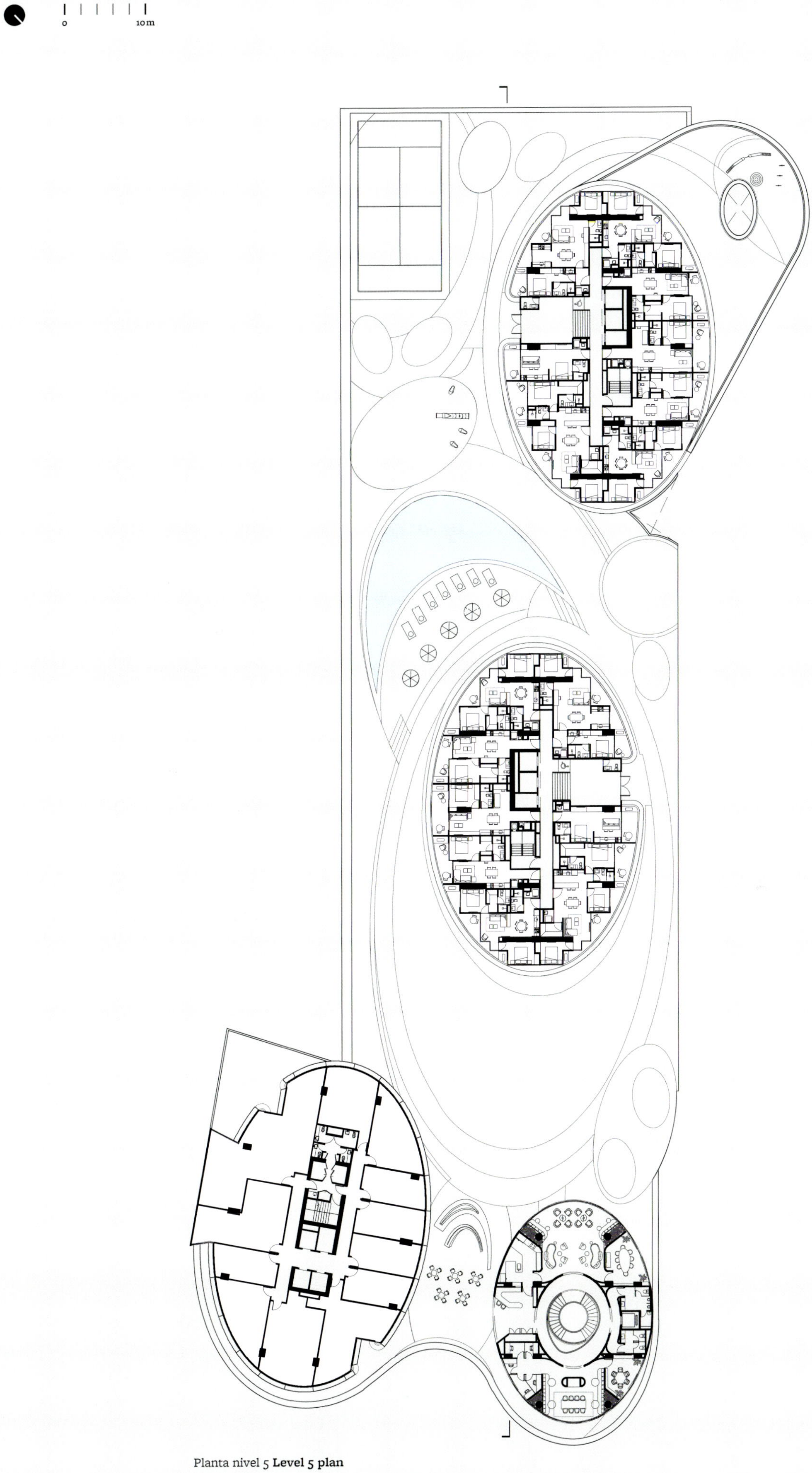

Planta nivel 5 **Level 5 plan**

172

Shake la Revu forma parte de una serie de construcciones nuevas que buscan recuperar y reactivar la zona fronteriza de Tijuana. Este edificio de departamentos se inspira en las expresiones arquitectónicas compartidas a lo largo de la frontera de las dos Californias, con curvaturas suaves y acentos en materiales crudos, como el barro y el concreto, y celosías.

La planta baja, dispuesta para el libre tránsito peatonal, contiene el área comercial y ofrece la ventaja de poder transformarse a futuro, de ser necesario. Los locales se encuentran por debajo de esta nave, donde fluye el aire y la luz es natural. El área de comida y bebida se encuentra al fondo, para activar este espacio.

El siguiente volumen se compone de dos niveles especiales para estancias cortas. A continuación, las amenidades se agrupan en un nivel que sirve como conector y a partir del cual se desplanta una torre quebrada en dos diferentes cuerpos, donde se ubican los departamentos. En la parte superior hay un restaurante y una terraza de libre acceso. Al final, el proyecto se corona con programas públicos.

La estructura se resuelve por medio de muros de concreto modulados especialmente para librar los departamentos de columnas. La fachada utiliza la estructura como eje para disponer los balcones en forma serpenteada, lo que les da a casi todas las viviendas una terraza que abre el programa habitacional hacia el exterior.

El diseño de interiores suma una identidad juvenil y natural al edificio, presente en los materiales, los colores, el mobiliario y las áreas verdes.

Con residencias en los niveles superiores y departamentos de corta estadía distribuidos en la segunda planta del edificio, este proyecto es excepcional, tanto por su distintiva visión urbana, como porque otorga a sus habitantes y a los inversionistas la posibilidad de habitar u hospedarse con todo lo esencial para vivir, en sintonía con la excitante y siempre sorprendente ciudad de Tijuana.

SHAKE LA REVU

2021
EN PROCESO **IN PROCESS**
TIJUANA, BAJA CALIFORNIA

Shake la Revu is part of a series of new constructions designed to recover and reactivate the border zone around Tijuana. Inspired by shared architectural experiences along the border of the two Californias, this apartment building has smooth curves and accents in raw materials such as clay and concrete, and lattices.

The ground floor's distribution ensures unobstructed pedestrian routes and it contains the commercial area and offers the advantage of being transformable as required. The store premises are positioned beneath this large space, which enjoys natural lighting and ventilation. The food court is strategically located to activate the rear of the development.

The next volume consists of two floors specially designed for short stays; the amenities are grouped together on a level that provides a connecting element that provides the base for the apartment block, which is separated into two different bodies. In the upper part there is a openly accessible terrace and restaurant. At the end, public programs provide the finishing touch to the project.

The structure's concrete walls are specially modulated to create column-free apartments. The façade uses the structure as an axis to create a sinuous line of balconies, which means that almost all units have a terrace that opens up the residential program to the exterior.

The interior design gives the building the youthful and natural feel found in its materials, colors, furniture, and green spaces.

With residences on the upper levels and short-stay rental units distributed on the building's second floor, this project stands out both for its distinctive urban vision and because it provides users and investors permanent or temporary accommodation offering the essentials of daily life, in harmony with Tijuana, a city buzzing with energy and full of surprises.

Shake
La Revu.
Shake

SHAKE
Shake

BOHEMIAN BAR

55
ONE WAY

BODEGA
NATURAL

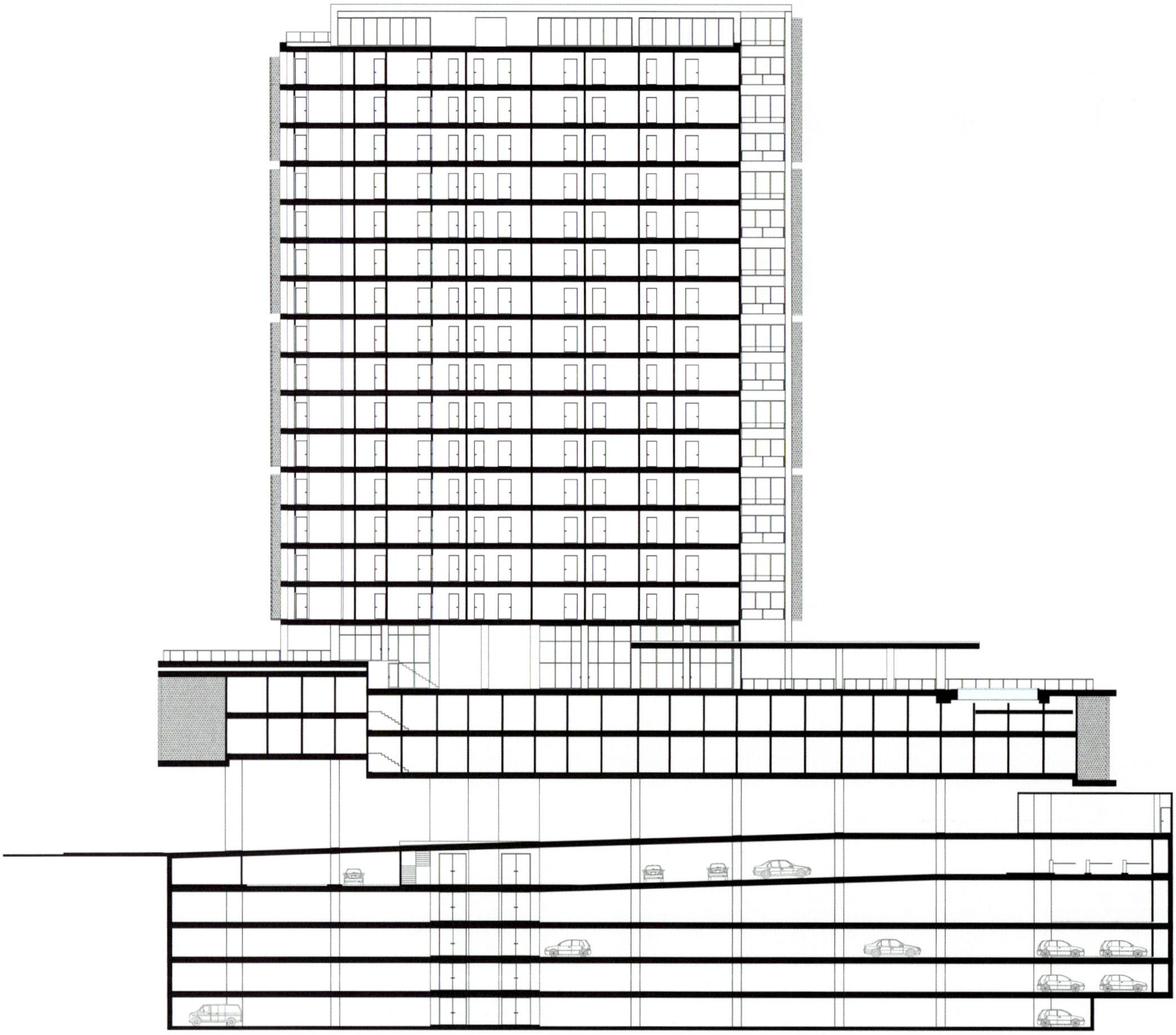

Sección **Section**

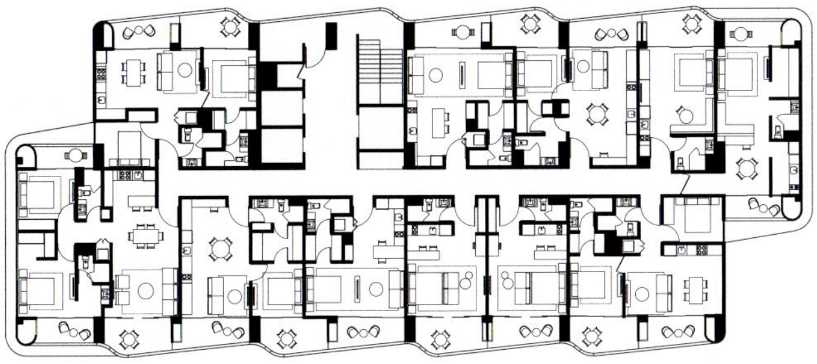

Planta tipo **Typical plan**

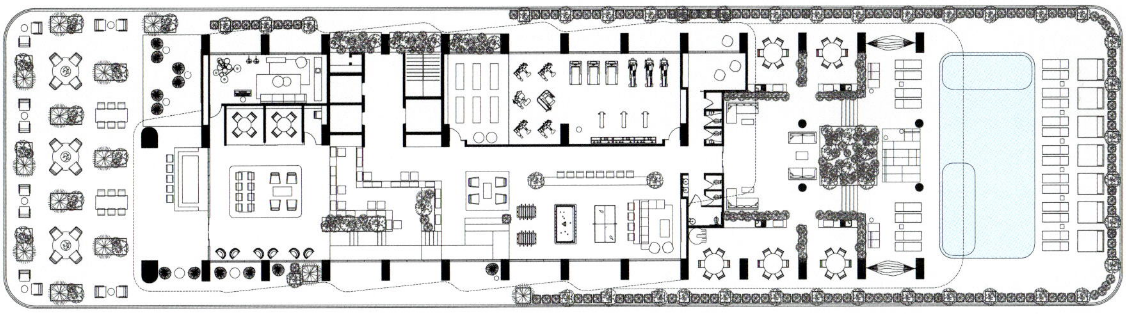

Planta amenidades **Amenities plan**

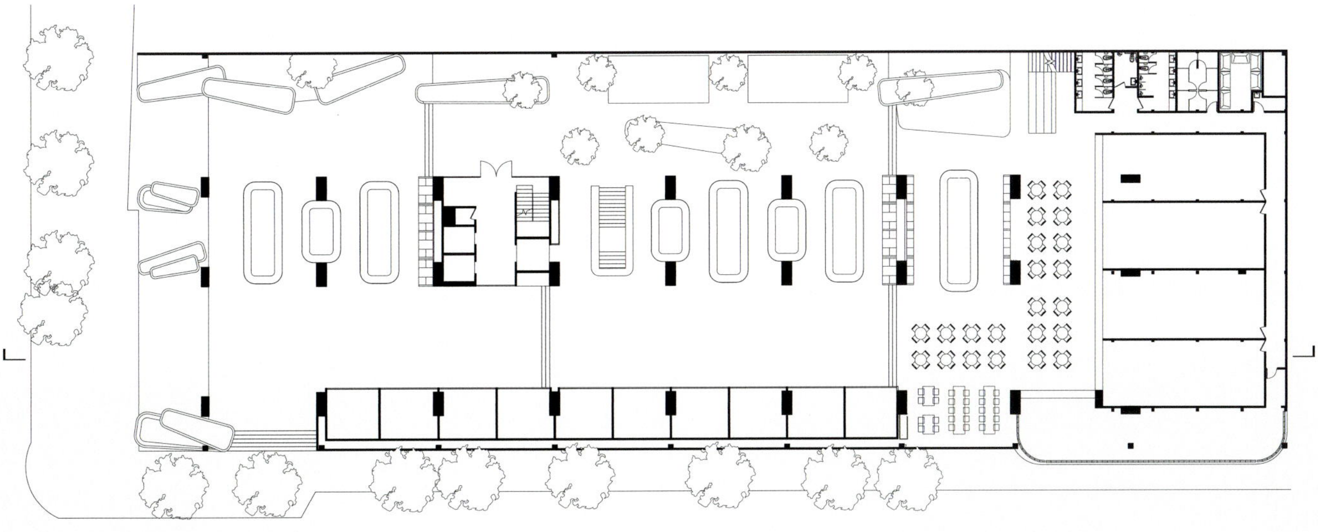

Planta baja **Ground floor plan**

IN
RIC
SM

INTERIOR DESIGN

182

Este *pent house* unifamiliar está ubicado al poniente de la Ciudad de México, en el contexto de un tejido urbano nuevo y denso. El proyecto, aunque en un edificio y un área de desarrollo relativamente recientes, fue recibido en un estado inaceptable. Su distribución interna desperdiciaba recursos. La propuesta de renovación no sólo mejoró el interior de este típico inmueble de lujo, sino que fue una oportunidad para presentar un diseño completo de sistema de vivienda.

El departamento, accesible mediante elevador hasta el piso 14, se abre a un desenvolvimiento de espacios lúdicos y elegantes que conectan servicios y comodidades.

La planta baja alberga las principales comodidades, como el comedor, la sala de estar, la sala familiar y dos dormitorios para los niños, así como un estudio o espacio de juegos y los servicios principales. El piso superior alberga el dormitorio principal, sus servicios y un nuevo estudio.

El comedor es un lugar ideal para las ceremonias familiares tradicionales y cenas significativas, por lo tanto, es una suerte de manifiesto interior. Un corte dramático en el muro de piedra sirve como centro visual de las reuniones y como lugar de almacenaje.

El valor de los detalles subyace en su sutileza. Por ejemplo, el eje y las direcciones de las trazas de iluminación crean ambientes sensibles y pacíficos. La apertura de áreas exteriores en el eje este-oeste reduce la necesidad de aire acondicionado y mantiene un área principal ventilada que evoca un ambiente más natural.

La circulación principal de la entrada al área de juego sigue el camino y el ritmo de los usuarios dentro de la casa. Este pasaje también separa el comedor de los servicios de cocina y envuelve las principales áreas públicas con una escalera de roble. El techo es contrastante y se suma a la aspereza del muro de piedra en las áreas principales, al tiempo que se complementa con el piso hexagonal de mármol.

TAMARINDOS

2013–2014
CIUDAD DE MÉXICO

Architecture MasterPrize 2021
Mención honorífica, categoría Diseño de interiores
Honorable Mention, Interior Design

A! DISEÑO 2018
Finalista, categoría Interiorismo
Finalist, Interior Design

Premio Firenze Entremuros 2017
Finalista, categoría Interiorismo residencial
Finalist, Residential Interior Design

IIDA BEST INTERIOR OF LATIN AMERICA & THE CARIBBEAN 2015
Ganador, categoría Residencia multifamiliar
Winner, Multifamily Residential

This single-family penthouse in the west of Mexico City forms part of a new and dense urban area. Despite being in a relatively recent building and development area, the unit was in a poor condition. Its internal distribution wasted possibilities, and the renovation proposal not only improved the interior of this typical luxury building, but also presented an opportunity to display a complete design of a housing system.

The apartment—accessed by an elevator to the 14th floor—offers various playful yet elegant spaces that connect services and comfortable amenities.

The ground floor contains the main amenities (dining room, lounge, family area, and two children's bedrooms) as well as a study or games room and main services. The upper floor contains the master bedroom, its services, and a new studio.

The dining room is an ideal space for traditional family gatherings and important meals, making it a kind of interior manifesto. A dramatic incision in the stone wall acts as a visual focal point for meetings and as a storage space.

The value of details emphasizes its subtlety. For example, the axis and directions of the strip lighting create peaceful and sensitive ambiences. The opening of exterior areas along the east-west axis reduces the need for air conditioning and maintains ventilation in the central area for a more natural feel.

The main entrance circulation to the games area continues a path-like the rhythm of users within the home. This landscape also separates the dining area from the kitchen and wraps the main public areas with an oak staircase. The roof provides contrast and adds to the rough texture of the stone wall in the main areas, at the same time as complementing the hexagonal marble flooring.

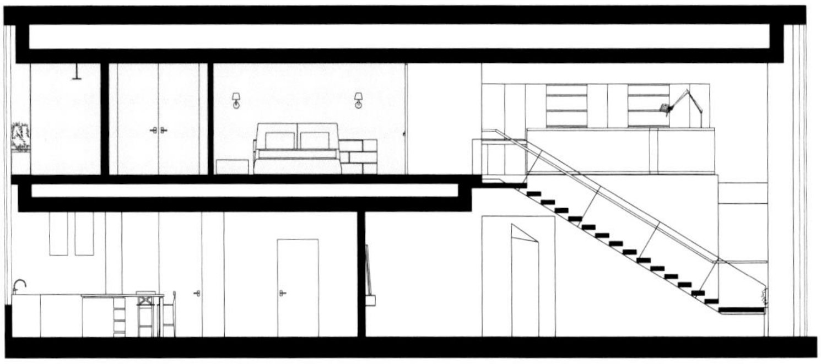

Sección A–A′ **Section A–A′**

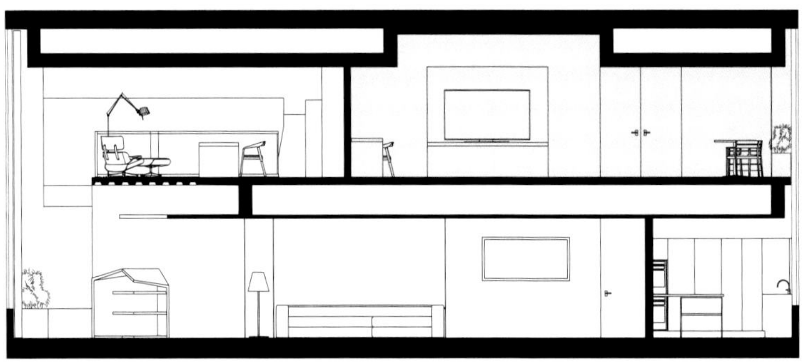

Sección B–B′ **Section B–B′**

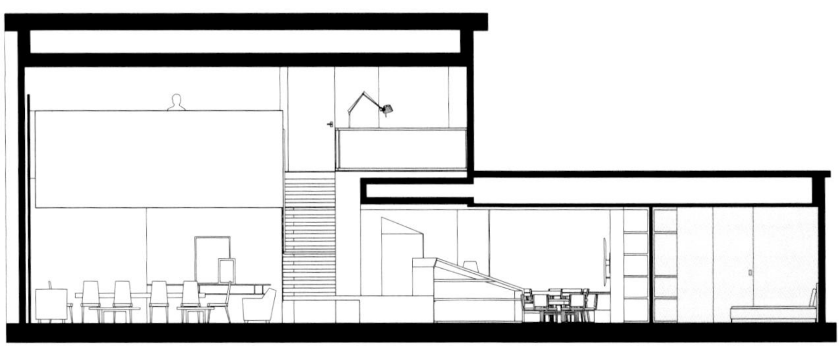

Sección C–C′ **Section C–C′**

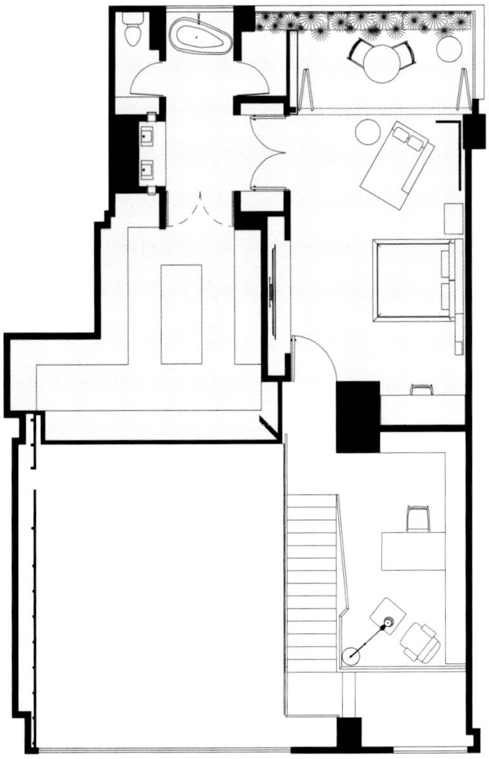

Planta nivel 2 **Level 2 plan**

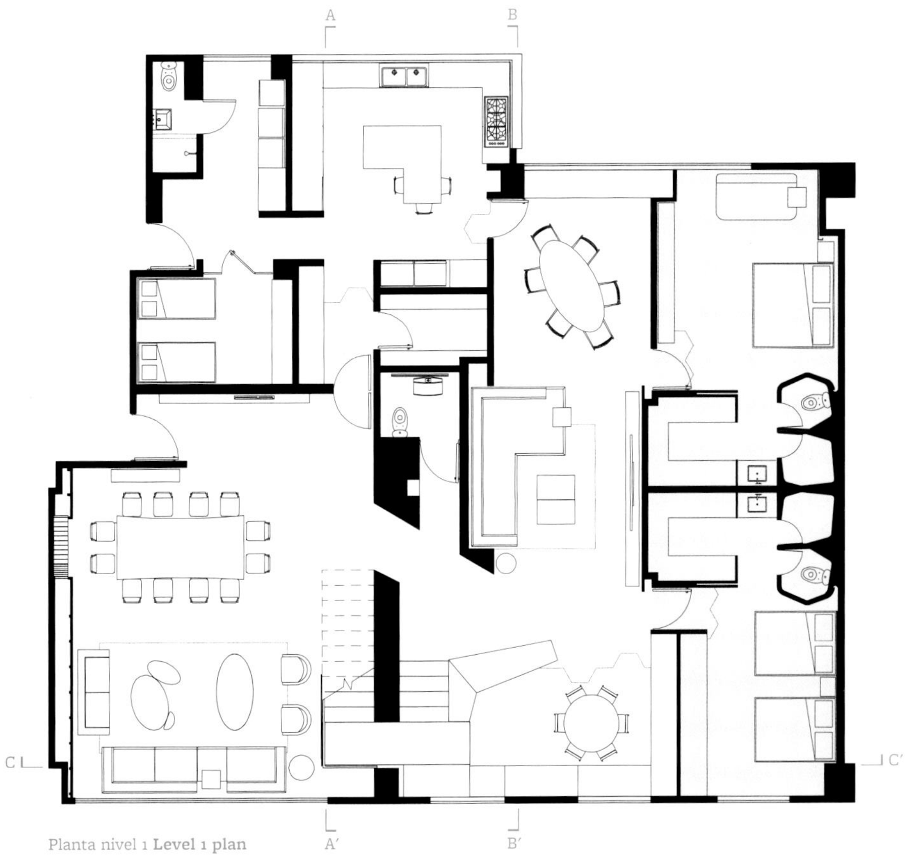

Planta nivel 1 **Level 1 plan**

190

MT

En un delicado ejercicio de arquitectura de interiores, se transformó un departamento unifamiliar en un elegante juego de planos y simetrías.

Un largo pasillo de mármol de Calacatta Gold se desenvuelve hacia el punto de fuga en el horizonte para dar acceso a los visitantes del departamento MT. Las vetas doradas del piso juegan armónicamente con el cielo raso de madera, en el que se aloja un cuidadoso juego de iluminación directa e indirecta. La solemne composición del pasillo anuncia que el área habitable está por abrirse con gran suntuosidad.

Al transitar por el pasillo hacia el siguiente umbral, dos escultóricos paneles de granito negro hacen las veces de biombo, señalando el paso hacia las áreas públicas del departamento: la sala, el comedor, la cava y una oficina privada. Las dimensiones se tratan con todo detalle: por los grandes ventanales asoman las copas de los árboles, mientras que las columnas de panel de aluminio dorado funcionan como espejos que amplían los reflejos y sientan el resto de la paleta de color en armonía. Del otro lado del ventanal de la sala y el comedor se encuentra una terraza que alberga una sala al aire libre y un comedor exterior.

El área privada consta de una habitación principal, dos habitaciones para niños, un cuarto de juego con terraza y el *family room*. La cocina, a su vez, se emplaza estratégicamente en un espacio de contención que delimita la circulación principal y se retrae para regalarle las mejores vistas al área pública. Todas las habitaciones tienen vocación de recámara principal, pero la que se ha señalado como tal evoca una sensación de *hotel-boutique*. Dentro de este espacio privado, con una vista a la arboleda, una escultórica tina ha sido integrada a la habitación, en contraste con los espacios secos, creando una interesante dicotomía de sensaciones. A su vez, un amplio vestidor y detalles lúdicos como la cabecera de doble envoltura que remata el plafón del techo hacen de ésta una suite en la que los usuarios pueden sentirse cómodos al disfrutar su intimidad.

2014–2015
CIUDAD DE MÉXICO

BTL Built Design Award 2021
Mención honorífica, categoría Diseño de interiores-casas
Honorable Mention, Interior Design-Houses

A! DISEÑO 2018
Finalista, categoría Interiorismo
Finalist, Interior Design

In a refined interior design program, a single-family unit was transformed into an elegant series of planes and symmetries.

A long corridor with Calacatta Gold marble flooring stretches forward to give visitors access to the MT apartment. The stone's golden veining is in perfect harmony with the wooden ceiling that contains a carefully designed array of direct and indirect light sources. The corridor's formal elegance introduces visitors to the luxurious living areas.

On the way toward the corridors that connect to the next threshold, two sculptural, black granite panels act as a partition screen, indicating the route to the apartment's public space: the lounge, living room, wine cellar, and private office. The dimensions are strategically modulated: the picture windows look out onto the tree canopies, while the gold aluminum-panel columns work as mirrors that expand reflections and balance the rest of the color palette. A terrace on the other side of the large window in the lounge and dining room contains an open-air living room and outdoor area for eating.

The family area includes a master bedroom, two children's bedrooms, a games room with a terrace and the family room. The kitchen is placed in a strategically contained space that demarcates the main circulation and is set back to give the best views onto the public area. Each bedroom has the characteristics of a master bedroom, but the main one feels like it belongs in a boutique hotel. Within this private space, with views onto the trees, a sculptural bathtub has been integrated into the room, contrasting with the dry areas to create an intriguing sensorial contrast. Meanwhile, an ample walk-in closet and playful details such as the double headboard that connects to the ceiling create a suite where users can feel comfortable in an intimate space.

just another thing
hanging on your wall

LIVE

CHANEL

0 5m

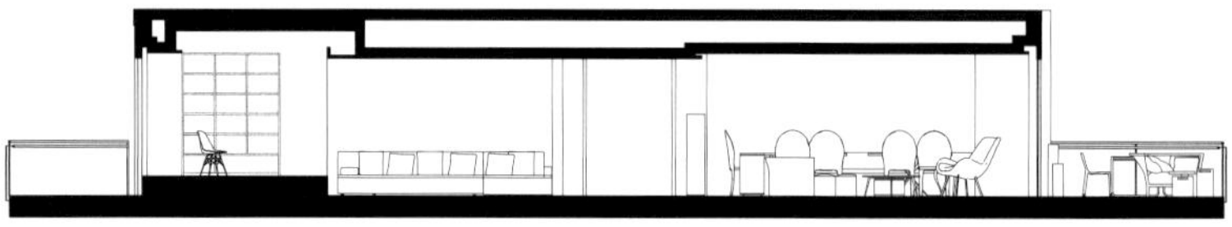

Sección **Section**

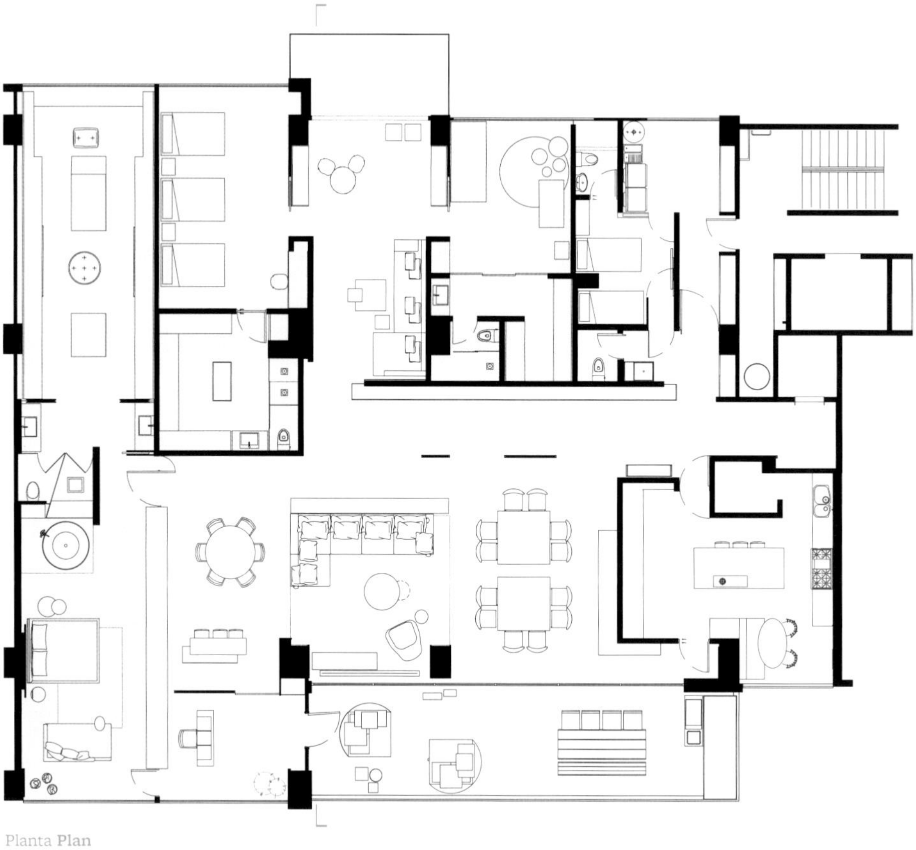

Planta **Plan**

198

Este proyecto arquitectónico y de interiorismo de 5000 m² es resultado de la colaboración entre Interior Architects (IA) y Mayer Hasbani (MH). Fue pensado para ser un recinto lujoso, que hiciera eco del éxito de la firma de servicios fiscales y jurídicos más grande del mundo. Se buscó un balance entre el desarrollo de las labores del abogado, la cultura de trabajo y la fortaleza de la empresa. Para lograr esto, el proyecto se dividió en dos áreas de organización: un *conference centre* que hace las veces de área pública y ocupa una cuarta parte de la planta, y un área de trabajo privado en los niveles primero y segundo.

El elemento portante de la Torre Virreyes —los tirantes de acero que cargan la estructura— cruza las ventanas para dejar ver la escala de la construcción. Esta estructura forma parte del diseño de interiores del proyecto, y en vez de obstaculizar la visión, acentúa el juego geométrico entre la brutalidad estructural y la armonía de las proporciones interiores.

El proyecto se desarrolla en dos niveles articulados por una escultórica escalera de doble altura que flanquea un muro forrado con mármol Travertino Silver local. Si bien Baker & McKenzie (B&M) es una firma internacional, la arquitectura buscó enraizarse en su contexto mediante sus materiales, para crear una mejor conexión con los clientes y el lugar.

En las áreas de trabajo, los ritmos del mobiliario señalan perspectivas más largas y vistas continuas hacia la ciudad, con lo cual se gana la mayor cantidad de luz posible en los interiores. El diseño, en definitiva, consigue un fino balance entre privacidad y transparencia.

BAKER & MCKENZIE

2014–2015
CIUDAD DE MÉXICO

A! DISEÑO 2018
Finalista, categoría Interiorismo
Finalist, Interior Design

Premio de Interiorismo Mexicano PRISMA 2017
Finalista, categoría Oficinas +300 m²
Finalist, +300 m² Offices

Premio Nacional de Arquitectura e Interiorismo AAI México 2016
Ganador, categoría Interior corporativo
Winner, Corporate Interior Design

Obra del Año 2015
Finalista, categoría Interior corporativo
Finalist, Corporate Interior Design

Conceived as a luxury setting to reflect the success of the world's largest law firm, this 5,000-square-meter architectural and interior design project is the result of a collaboration between Interior Architects (IA) and Mayer Hasbani (MH). The design strikes a balance between the lawyers' day-to-day work and the company's work culture and strength by organizing the space into two areas: a conference center that provides a public area that occupies a quarter of the floor area, and a private workspace on the first and second floors.

The load-bearing element of the Torre Virreyes—the structural steel braces—crosses the windows to reveal the construction's scale. This element forms part of the project's interior design, and instead of obstructing sightlines it accentuates the geometric interplay between the structural brutality and harmony of the interior proportions.

This two-level project is articulated by a double-height, sculptural staircase that flanks a wall clad in local Travertino Silver marble. Although Baker & McKenzie is an international firm, the architecture is rooted in its context through the use of its materials for a better connection with clients and location.

In the workspaces, the office furniture's rhythm indicates longer and more panoramic views onto the city, thus maximizing natural interior lighting. The design succeeds in creating an equilibrium between privacy and transparency.

Planta nivel 12 **Level 12 plan**

206

Consciente de que en el siglo XXI la forma de trabajar se ha diversificado, este proyecto ofrece múltiples espacios de trabajo en los que la convivencia y el intercambio son los ejes principales del diseño. El complejo cuenta con oficinas tradicionales, abiertas y cerradas; salas de juntas y videoconferencias, y *boardrooms*. Sin embargo, al tomar en cuenta la relevancia de la colaboración para la creatividad y la innovación, IOS Offices pone el énfasis en la idea del *co-working*, con espacios reducidos, abiertos y permeables. En una apuesta por el valor de la interacción y el entretenimiento en las dinámicas laborales contemporáneas, el conjunto incluye una gran terraza y una cafetería-bar, así como un *business lounge* que conecta los niveles 3 y 4 mediante una amplia escalera equipada con una serie de asientos y descansos. Estas áreas públicas han sido pensadas tanto para la relajación y el recreo como para el trabajo colaborativo.

Cada uno de los espacios está en función de las dinámicas que alberga. Así, el *business lounge* es un espacio de trabajo informal, acabado en duela vinílica, material que funciona a la perfección para crear ambientes confortables, con amplias mesas e instalaciones eléctricas especiales para los dispositivos móviles y las computadoras portátiles. En el *lobby* se instaló un plafón acústico que mejora la calidad auditiva del espacio. Las oficinas corporativas, finalmente, se proyectan con divisiones de vidrio y cancelería negra para generar amplitud y sobriedad. El mobiliario también ha sido seleccionado de acuerdo con sus necesidades particulares, con texturas que varían del mármol a la madera y que dialogan con diversos colores, pieles y texturas. En todas las áreas del conjunto se consiguió crear ambientes heterogéneos y relajados. Por otro lado, pensando en la importancia de las diversas herramientas visuales y tecnológicas para el trabajo contemporáneo, espacios como la sala de videoconferencias cuentan con un muro tipo *wall talker* para la exposición de ideas, entre otros detalles que fomentan la creatividad.

IOS OFFICES

2016–2017
MONTERREY, NUEVO LEÓN

COWORKY AWARDS 2019
Ganador, categoría Mejor diseño de espacio
Winner, Best Space Design

Aware that working methods have diversified in the twenty-first century, this project offers multiple workspaces where the design is structured around social connections and exchanges. The complex consists of traditional private and open-plan workspaces; meeting rooms, videoconferencing suites, and boardrooms. However, considering the importance of collaboration for creativity and innovation, IOS Offices prioritizes co-working with smaller, open, and permeable spaces. By supporting interaction and entertainment in contemporary working dynamics, the complex includes a large terrace and cafeteria-bar, as well as a business lounge that connects levels 3 and 4 through wide terrace equipped with seats and landings. These public areas have been designed both for relaxation and recreation as well as for collaboration.

Each space operates according to its specific dynamic. Therefore, the business lounge is a space for informal work, finished in vinyl flooring, an ideal material to create comfortable spaces, with wide tables and special electrical fittings for charging mobile devices and laptops. An acoustic soffit improves sound quality in the lobby area. And finally, the corporate offices are planned with glass partitions and black frames to generate a sense of amplitude and a classical look. The furnishings were chosen to suit their particular needs, with textures varying from marble to wood, creating a dialogue with diverse colors, coverings, and textures. Each part of the complex has its own character and a relaxed atmosphere. Furthermore, thinking about the importance of the visual and technological tools for contemporary working, spaces such as the videoconferencing suite have a “wall-talker” installation to display ideas and other ways of stimulating creativity.

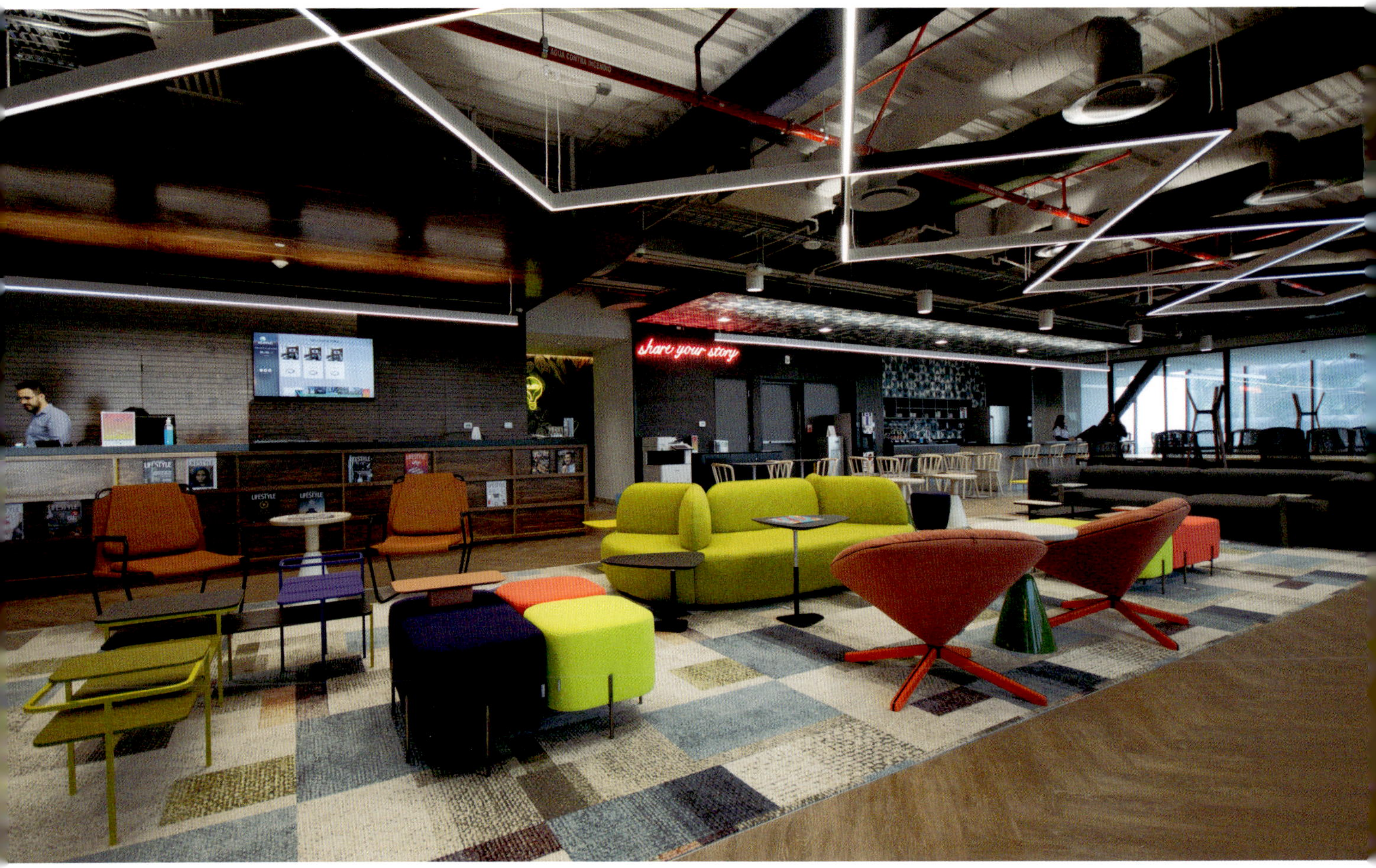
share your story

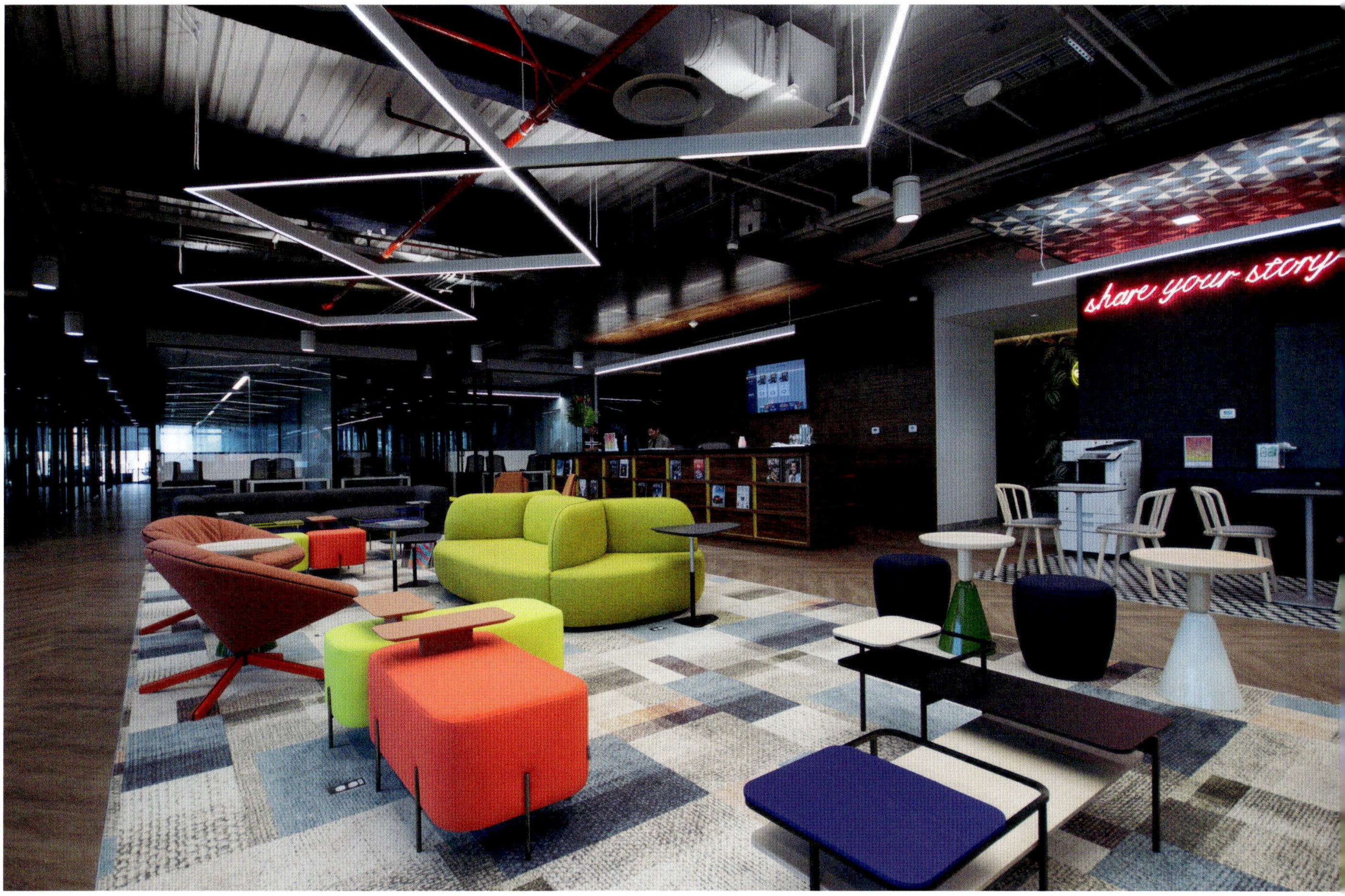
share your story

share your story

ARBOLEDA

Sección longitudinal **Longitudinal section**

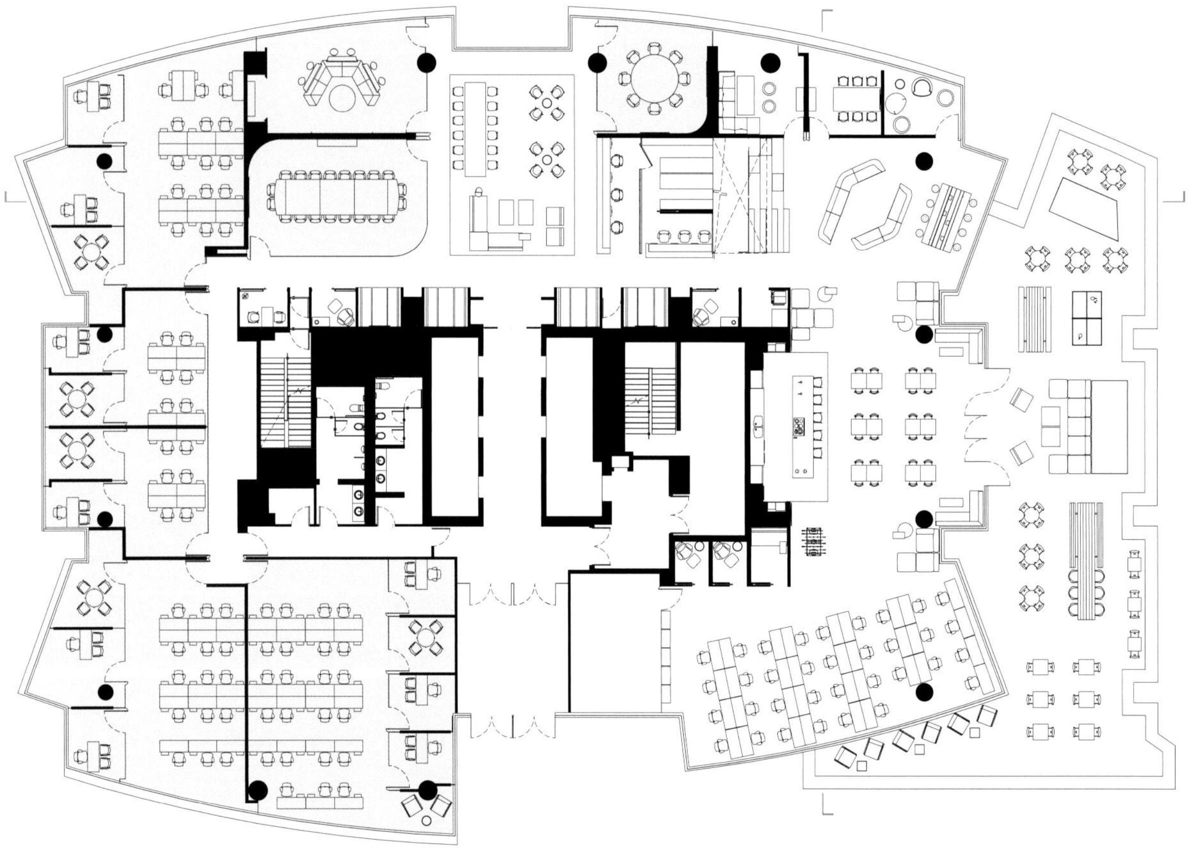

Planta nivel 1 **Level 1 plan**

Sección transversal **Transversal section**

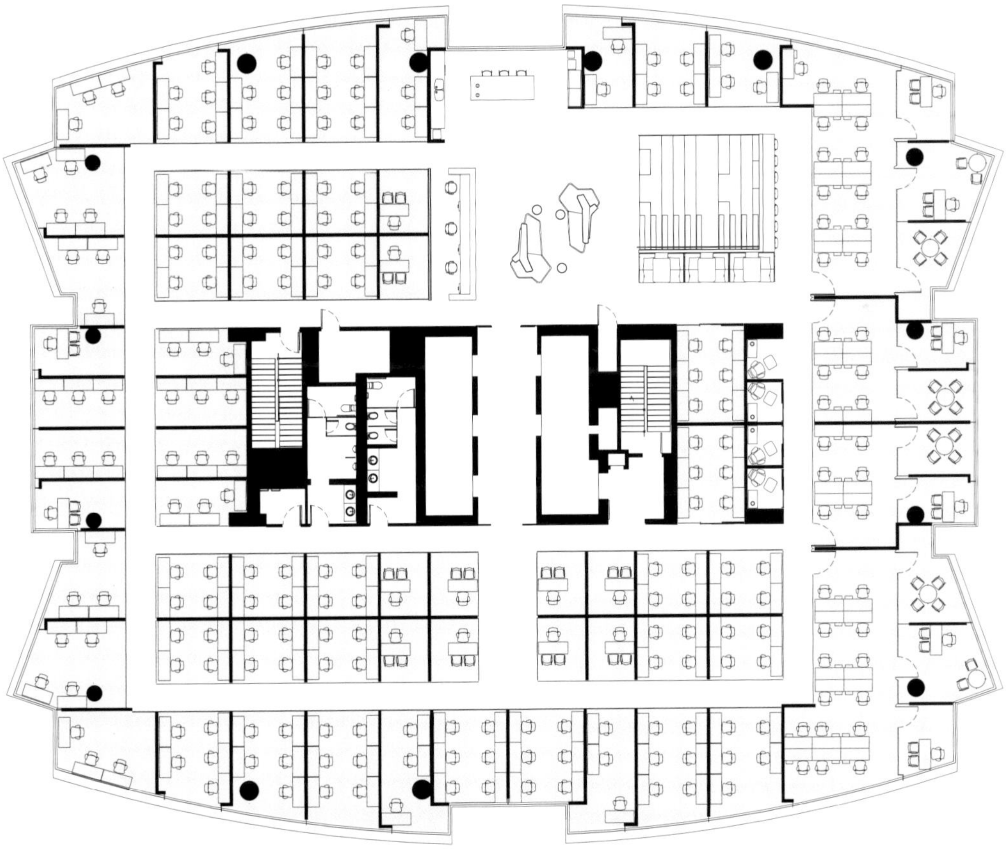

Planta nivel 2 **Level 2 plan**

La institución educativa decidió evolucionar el área subterránea del edificio para vincularla con la planta baja y el primer nivel. Se diseñaron espacios flexibles, inspiradores y lúdicos dentro del programa existente, perteneciente a los años noventa del brutalismo mexicano.

En el primer nivel se desarrolló una nueva terraza, con cafetería, salón privado y cocina. La cafetería, además de cumplir con su función básica, permite a los estudiantes tener más espacios de trabajo y encuentro. Para enlazar el programa de la planta baja, unas escaleras delineadas por trazos orgánicos conectan el nivel uno con los ambientes de exposición. Abajo, el remate visual y espacial continúa a través de muros ondulados que difuminan las esquinas y vestibulan el acceso al Aula Magna, el auditorio y los baños.

Al lado opuesto del Aula Magna, un umbral de color rojo carmesí enmarca la entrada a los nuevos recintos de trabajo. A un costado están la cabina de radio, el Media Lab, dos salones de usos múltiples, dos de cómputo y uno de música. El mobiliario de los salones es totalmente reconfigurable, para adaptarse a las necesidades puntuales de cada sesión, mientras que los salones Makerspace mantienen una configuración de taller manual para las actividades creativas.

Al cruzar el umbral carmesí y descender por las escaleras, se abre uno de los ambientes articuladores: la mediateca, con gradas de madera interiores que rompen con el vacío de la doble altura que domina el espacio para crear una escala más acogedora que fomente el encuentro y la estancia de los alumnos. Al llegar al final de las gradas, una sala de lectura y estudio precede a las aulas. Por otro lado, al reducirse la altura debido a la estructura original de edificio, se aprovechan las dimensiones existentes para una biblioteca cuyo mobiliario, muros y pisos se bañan de un llamativo amarillo.

Así, la intervención convierte el espacio común en un nuevo paradigma de educación en el que la arquitectura propicia un proceso novedoso de aprendizaje, basado en la sinergia del diseño arquitectónico y el diseño gráfico ambiental.

COLEGIO MONTE SINAÍ

2017–2019
CIUDAD DE MÉXICO

GRANDS PRIX DU DESIGN 2022
Primer lugar, categoría de Diseño de interiores
First Place, Interior Design

Premio de Interiorismo Mexicano PRISMA 2021
Primer lugar, categoría Comercial
First Place, Commercial

Premio Noldi Schreck 2020
Mención honorífica, categoría Obra institucional
Honorable Mention, Institutional Building

Premio Nacional de Diseño: Diseña México 2021
Mención honorífica, categoría Interiores comerciales
Honorable Mention, Commercial Interior

Best of Year Awards 2021
Finalista, categoría Educación primaria
Finalist, Early Education

A! DISEÑO 2019
Finalista, categoría Interiorismo
Finalist, Interior Design

As part of a new approach to education and to encourage original thinking among students, the Monte Sinaí Hebrew College (Colegio Hebreo Monte Sinaí) decided to evolve the underground part of the building to connect it to the ground and first floors. Therefore, we designed flexible, inspiring and playful spaces within the existing program originally developed during Mexico's Brutalist period during the 1990s.

A new terrace, cafeteria, private room, and kitchen were added on the first floor. The cafeteria—apart from serving its main function—also gives students more spaces for working and socializing. A set of stairs defined by subtle organic lines connect the ground floor program to the first-floor areas with their exhibition spaces. Below, this visual and spatial finish continues through the undulating walls that soften the corners and provide a lobby area for the entrance to the main conference hall, auditorium, and toilets.

On the opposite side of the main conference hall, the graphic spatial design and architecture combine to create impressive spatial effects in a particular feature: a crimson-red threshold marks the entrance to the new study areas, enriching the student's vision. A radio booth, Media Lab, two mixed-use spaces, two computer labs, and a music room are located to one side. To maximize flexibility, the rooms' furniture is entirely reconfigurable to meet the different needs of each activity, while the Makerspace rooms are designed as workshops for creative work.

After passing through the crimson threshold and descending the stairs, the space opens up into one of the large articulating areas: the media library, equipped with its wooden terraced seating to perform a visual break and make the void of the large, imposing double-height space more welcoming and to stimulate a variety of uses and arrangements to encourage pupils to interact and hang out together. At the top of this tiered seating area, a reading and study room precede the classrooms. Working with the existing low ceiling height due to the building's original structure, the library's bookshelves, walls, and flooring are coated in a distinctive yellow as an original and bold tone for the new generations.

The intervention turned each corner of the shared space into a new paradigm of education in which architecture transforms walls into sensations and establishes an innovative learning process, based on the synergy of architecture and graphic spatial design.

If you have a
garden and a libr

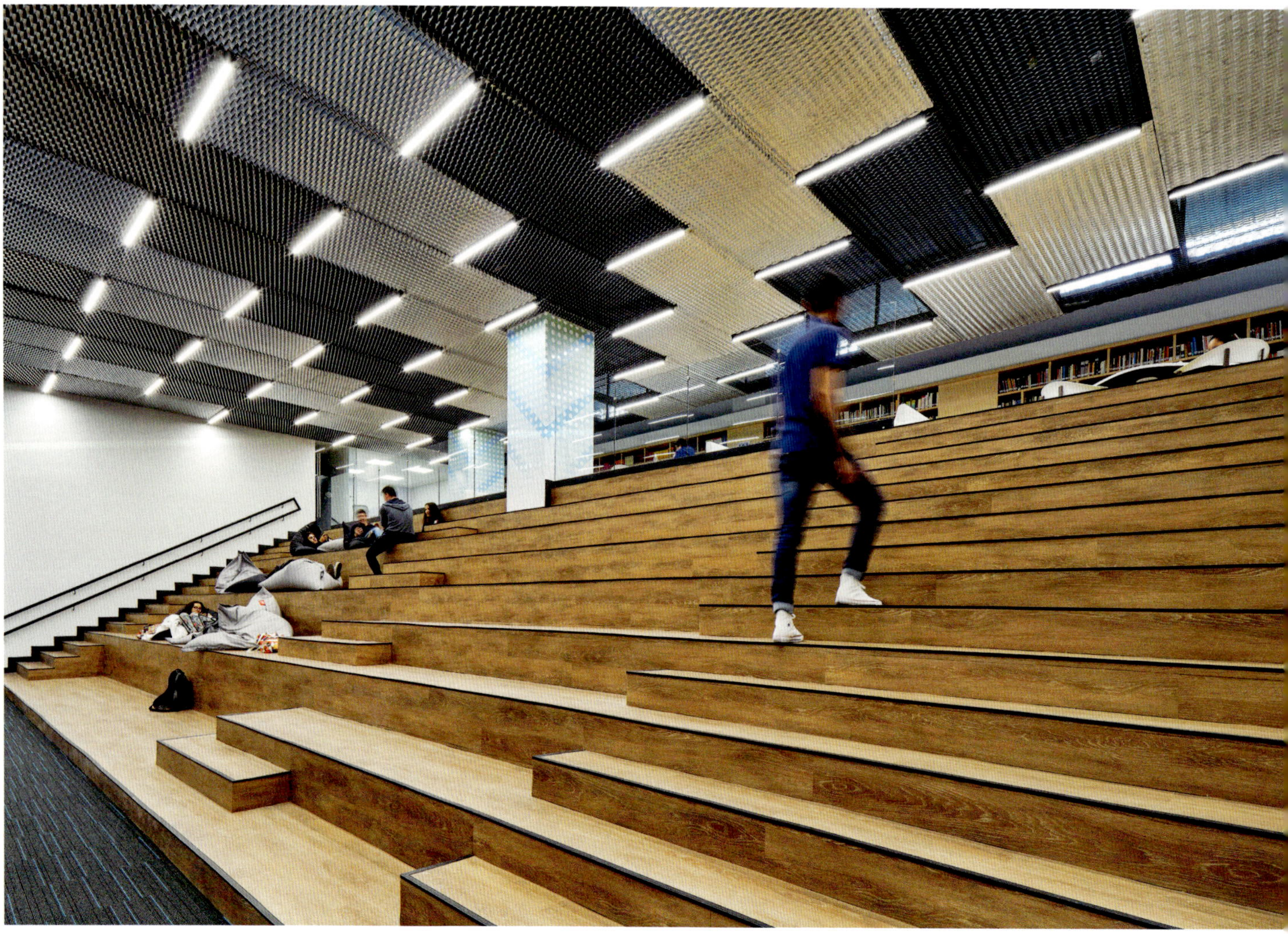

mediateca

AUDITO
KEREN HAY

If you have a garden and a library you have everything you need. ...

0 5m

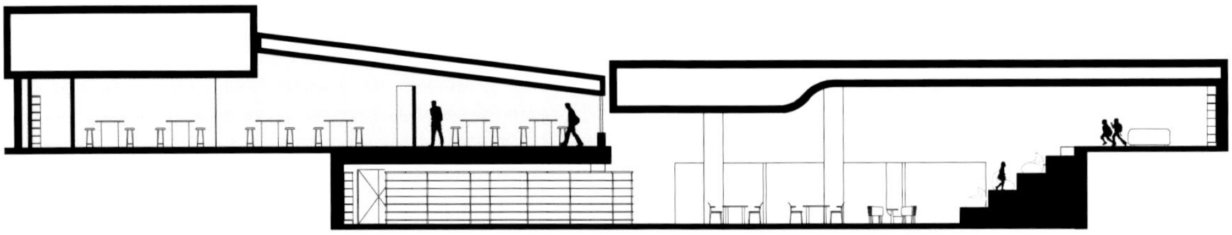

Sección A–A′ **Section A–A′**

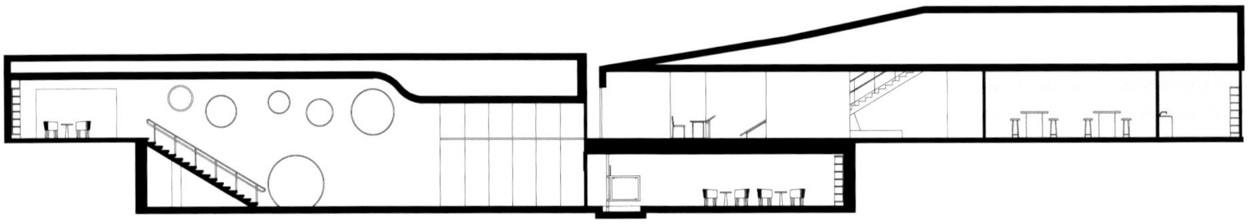

Sección B–B′ **Section B–B′**

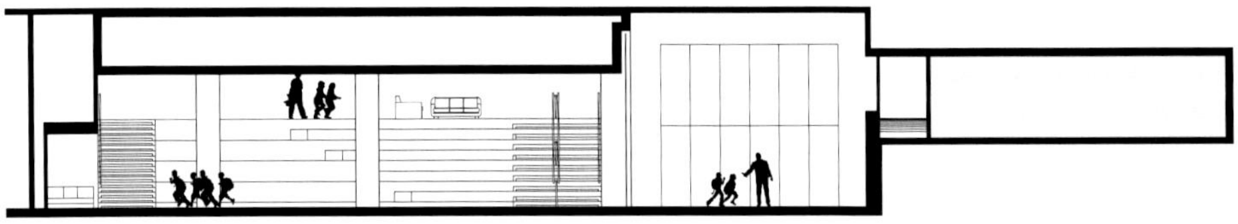

Sección C–C′ **Section C–C′**

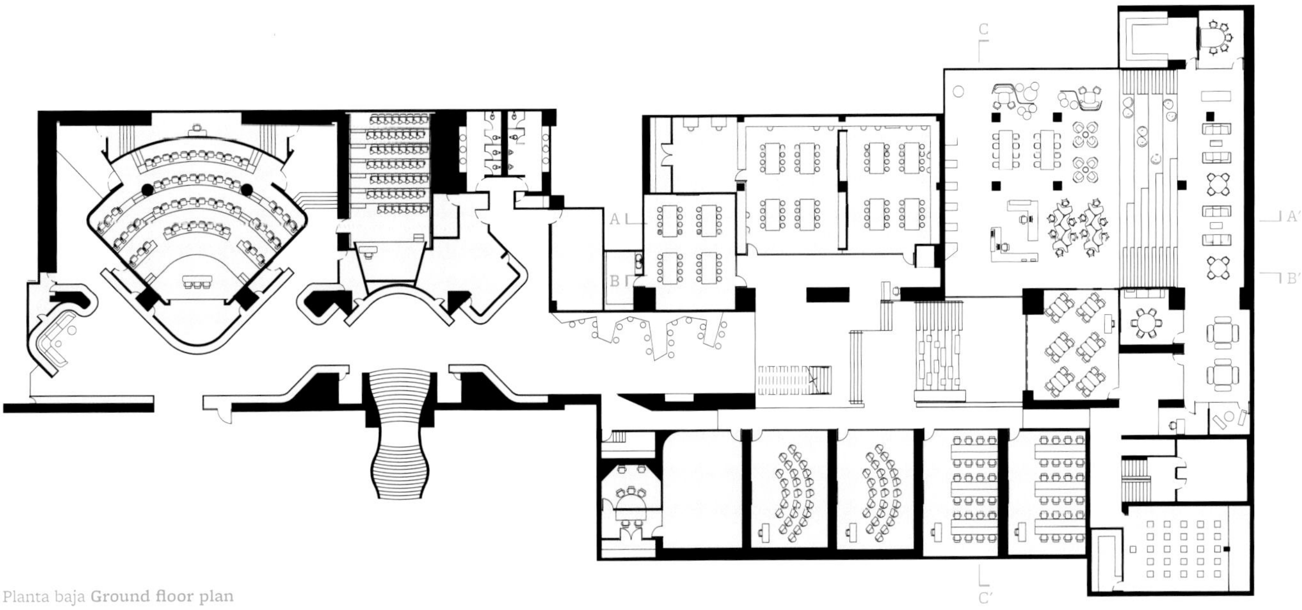

Planta baja **Ground floor plan**

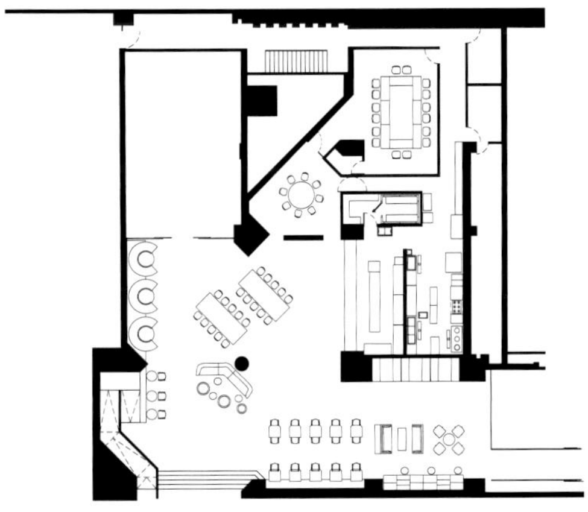

Planta comedor **Dining hall plan**

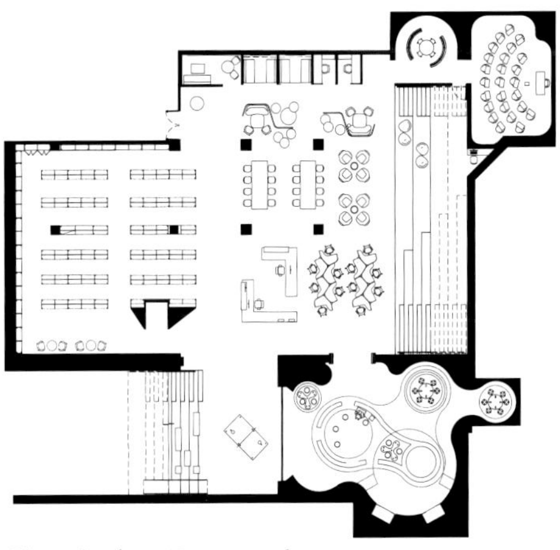

Planta de sótano **Basement plan**

230

Con base en un programa diseñado en conjunto con el cliente —Select Sound, una empresa de productos electrónicos de consumo—, el estudio transformó un monoespacio de 320 m² en distintos ambientes que trasladan el lenguaje estético de los productos de sonido al espacio arquitectónico mediante el reciclaje y una cuidada selección de texturas. Para acceder a las oficinas, un túnel lateral, de gran profundidad, marca la pauta del nuevo lenguaje plástico: al conjugar haces de luz y cristales dobles, el espacio se multiplica, mientras que el plafón se viste con bocinas desnudas que proyectan la personalidad de Select Sound.

En el interior, la recepción es el centro focal. En un nivel superior, la misma superficie de la recepción es sustraída para asemejar un domo revestido con malla metálica que dota de una jerarquía articuladora al espacio. La iluminación, aquí, es indirecta. En el costado derecho se encuentra la sala de juntas, que duplica su funcionalidad a *showroom* con una estantería de cristal, resaltada con cuidadosa iluminación, en la que se muestran los productos del cliente. Con un cambio de materiales, los pisos, muros y plafones de los espacios directivos se revisten de madera para mantener la fluidez visual y una sensación de profundidad, enfatizada por muros bajos rematados con espejos y cristales. Los cambios de altura organizan los distintos espacios.

Al adentrarse aún más en el edificio, se abre el espacio libre de trabajo. Aquí la altura crece a su máxima expresión, siempre manteniendo ocultos los servicios. En el costado interno, un marco rojo subraya otras oficinas privadas, separadas por un cristal dibujado con imágenes de ecualización para dar privacidad al interior.

Así, MH logra una nueva espacialidad y materialidad por medio de una relación coherente entre la arquitectura existente y el diseño interior, en la que los espacios y materiales fluyen en una continuidad que multiplica las áreas. Finalmente, la intervención crea ambientes llenos de detalles que invitan al usuario a una nueva y sofisticada forma de trabajo.

SELECT SOUND

2020–2021
CIUDAD DE MÉXICO

Chinese Design Awards 2022
Primer lugar, categoría Diseño de interior corporativo
First Place, Corporate Interior Design

Premio Firenze Entremuros 2021
Segundo lugar, categoría Interiorismo de oficina
Second Place, Corporate Interior Design

Based on a program designed with the client—Select Sound, a manufacturer of consumer electronics products—the studio transformed a single, 320-square-meter space into different ambiences that transfer the aesthetic language of sound products to the architectural space through recycling and careful curated textures. A long side corridor marks the rhythm of the new visual language: combining beams of light and double glazing multiplies the space while the ceiling is dotted with exposed speakers to project the personality of Select Sound.

Inside, the reception is the focal point: on the upper level, the same surface of the reception is subtracted to create the look of a dome decorated in a metal mesh that creates an articulating hierarchy for the space. The lighting here is indirect. A meeting room on the right side doubles up as a showroom with a glass cabinet with precise light fittings to display the client's products. Providing a contrast in materials, the wood used for the floors, walls, and ceilings in the spaces used by senior management maintains the visual fluidity and a sensation of depth, highlighted by the low walls that are finished with glass and mirrors. The changes in height organize the various spaces.

Further inside the building, an open-plan workspace is marked by tall ceiling heights that conceal the services at all times. On one side, a red frame underlines the presence of private offices, separated by glass etched with images of equalizers to enhance privacy.

MH created a new spatial and material quality by creating a coherent relation between the existing architecture and the interior design, with spaces and materials flowing continuously to multiply the areas. Finally, the intervention creates ambiences packed with details which invite users to experience a new and sophisticated way of working.

HARD WORK BEATS TALENT

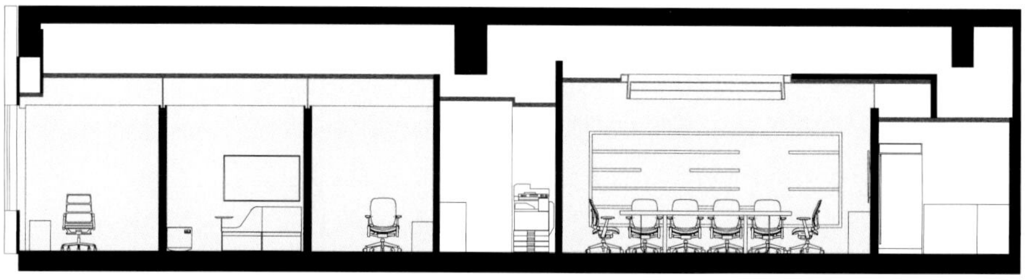

Sección longitudinal **Longitudinal section**

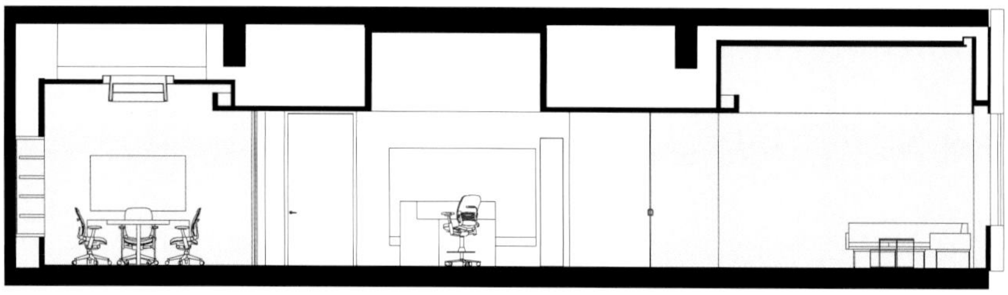

Sección transversal **Transversal section**

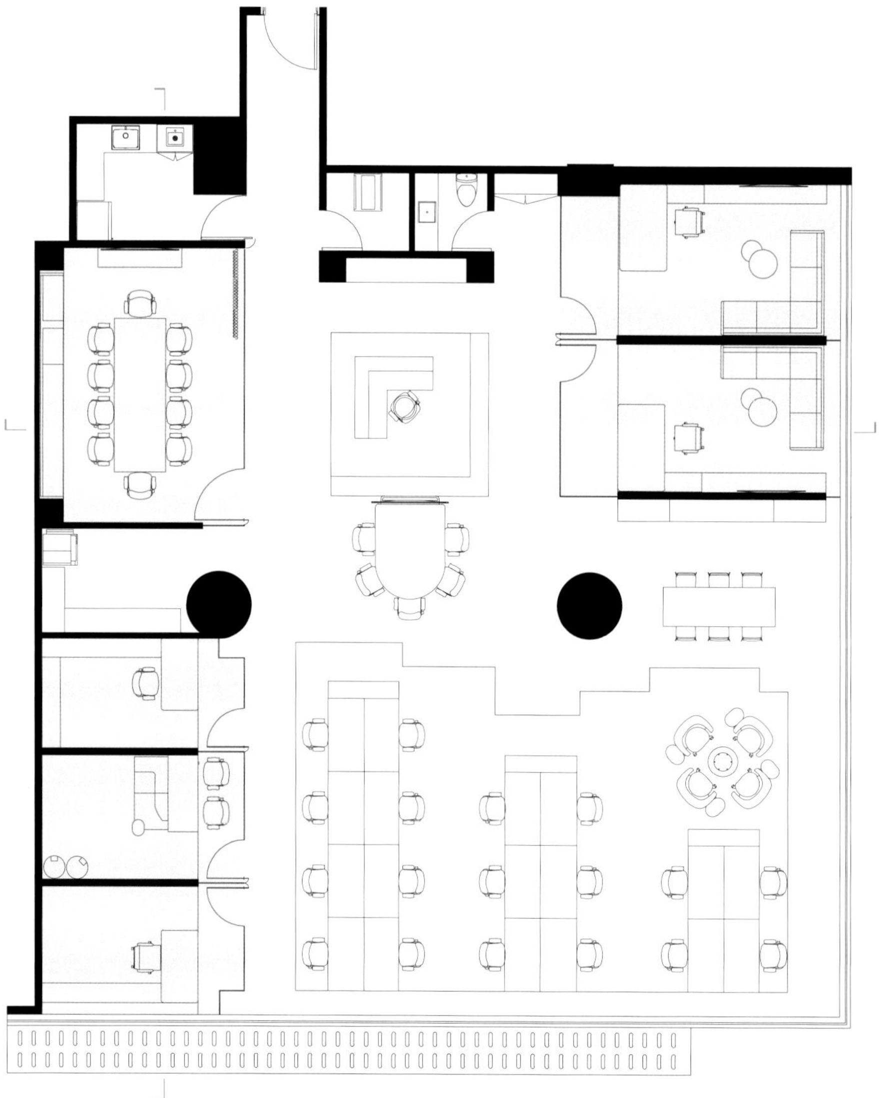

Planta **Plan**

HARD WORK BEATS TALENT

Mayer Hasbani es un arquitecto especializado en el diseño arquitectónico y desarrollo inmobiliario con más de 20 años de experiencia. Aborda su trabajo como quien se enfrenta a un acertijo que exige solución. Para ello se sirve de métodos creativos, formales, constructivos, financieros, comerciales y de todo tipo, a fin de concretar los proyectos que emprende. Su rango de acción comprende planes maestros, edificación vertical y diseño conceptual y de interiores.

Es arquitecto por la Universidad Anáhuac y cuenta con una maestría en dirección y diseño arquitectónico por la IE University de Madrid y Londres, así como con estudios de dirección ejecutiva en el IPADE Business School y la Harvard University. Ha participado como profesor invitado en la clase de diseño arquitectónico en la Universidad Anáhuac.

Mayer Hasbani ha sido un emprendedor apasionado. Cofundó la empresa MILK Life Investments en 2000 —en ese momento llamada HASBANI Arquitectos— y la oficina de arquitectura Mayer Hasbani en 2011. Su trabajo ha sido publicado en medios internacionales y ha sido ganador del premio que otorga la International Interior Design Asociation en 2015, el Architectural Master Prize en 2020 y el Grand Prix du Design en 2022.

MAYER HASBANI

Mayer Hasbani is an architect with over twenty years' experience, specializing in designing and developing real estate projects. He approaches his work as a puzzle to be solved using creative, formal, structural, financial, commercial, and other methods in order to bring his projects to fruition. His work ranges from masterplans, conceptual designs, vertical structures, and interior designs.

He graduated as an architect from Universidad Anáhuac with a master's degree in business for Architecture and Design from the IE University in Madrid and London; as well as executive management studies at IPADE Business School and Harvard University. Guest lecturer in architectural design at the Universidad Anáhuac.

Mayer Hasbani is a passionate entrepreneur: he co-founded MILK Life Investments in 2000—called Hasbani Arquitectos at the time—and the Mayer Hasbani architecture studio in 2011. His work has been published in international media and he won the International Interior Design Association in 2015, the Architectural Master Prize in 2020, and the Grand Prix du Design in 2022.

CRÉDITOS
CREDITS

CAPITAL PARK CONDESA

Ubicación **Location:** Ciudad de México
Cliente **Client:** MILK LIFE INVESTMENTS
Tipología **Type:** Residencial **Residential**
Área construida **Constructed surface area:** 15,000 m²
Año de proyecto **Year of project:** 2006
Año de término **Year of completion:** 2008
Arquitecto a cargo **Architects in charge:** Mayer Hasbani
Equipo **Team:** Verónica Elizalde, Omar Salas, Paola Arce, Edgar Rene Reyes, Enrique Díaz Lugo
Estado **Status:** Construido **Built**

Colaboradores **Construction team**
Asesor **Consultant:** Manuel Larossa
Constructor **Builder:** Manuel Rocha, José Luis Ramírez, Macarita Téllez, Carlos Lara
Estructura **Structure:** CTC Ingenieros civiles
Instalaciones **MEP:** MORI Instalaciones
Cimentación **Foundation:** Gutiérrez Cimentaciones

Fotografía **Photography:** Víctor Jiménez, Onnis Luque

POLANCO 59

Ubicación **Location:** Ciudad de México
Cliente **Client:** MILK LIFE INVESTMENTS
Tipología **Type:** Residencial **Residential**
Área construida **Constructed surface area:** 1,094 m²
Año de proyecto **Year of project:** 2004
Año de término **Year of completion:** 2006
Arquitecto a cargo **Architects in charge:** Mayer Hasbani
Equipo **Team:** Omar Salas, José Luís Ramírez, Verónica Elizalde
Estado **Status:** Construido **Built**

Colaboradores **Construction team**
Constructor **Builder:** Hasbani Arquitectos
Estructural **Structural:** PESAMEX Proyecto Estructural S.A.
Mecánica de Suelos **Soil Mechanics:** Gutiérrez Cimentaciones
Eléctrica **Electrical:** PROINSE S.A. de C.V.
Hidrosanitario **Plumbing:** Diseño e instalaciones Electromecánicas S.A. de C.V.

Fotografía **Photography:** Víctor Jiménez

CASA GUADARRAMA

Ubicación **Location:** Ciudad de México
Cliente **Client:** Privado
Tipología **Type:** Residencial Residential
Área construida **Constructed surface area:** 670 m²
Año de proyecto **Year of project:** 2012
Año de término **Year of completion:** 2014
Arquitecto a Cargo **Architect in charge:** Mayer Hasbani
Equipo **Team:** Jesús Vargas, Fátima González
Estado **Status:** Construido **Built**

Colaboradores **Construction team**
Estructura **Structure:** Ing. Mario Romero Castello
Instalaciones **MEP:** Instalaciones 2000
Paisaje **Landscape:** DLC

Fotografía **Photography:** Paul Czitrom

HAIXA

Ubicación **Location:** Litibú, Nayarit
Cliente **Client:** MILK LIFE INVESTMENTS
Tipología **Type:** Residencial Residential
Área construida **Constructed surface area:** 23,400 m²
Año de proyecto **Year of project:** 2008
Año de término **Year of completion:** 2011
Arquitecto a cargo **Architects in charge:** Mayer Hasbani
Equipo **Team:** Omar Salas Aldana, Roberto González Torres, Sofía Cisneros Otero, Hugo Tapia Tapia
Estado **Status:** Construido **Built**

Colaboradores **Construction team**
Estructura **Structure:** PESA S.A.
Instalaciones **MEP:** Instalaciones 2000
Paisaje **Landscape:** Ambiente Arquitectos
Iluminación **Lighting Design:** Luz+Forma

Fotografía **Photography:** Héctor Velasco

ADAMANT PUEBLA I

Ubicación **Location:** Puebla, Puebla
Cliente **Client:** MILK LIFE INVESTMENTS
Tipología **Type:** Multifamiliar **Multifamily**
Área construida **Constructed surface area:** 20,000 m²
Año de proyecto **Year of project:** 2010
Año de término **Year of completion:** 2013
Arquitecto a cargo **Architects in charge:** Mayer Hasbani
Equipo **Team:** Paola López, Fátima González, Mariana Paz, Alejandro Beyer, Sergio Galván
Estado **Status:** Construido **Built**

Colaboradores **Construction team**
Constructor **Builder:** MILK LIFE INVESTMENTS
Estructura **Structure:** Jaime McMilan
Instalaciones **MEP:** JPR
Paisaje **Landscape:** DLC

Fotografía **Photography:** Paul Czitrom

ADAMANT PUEBLA II

Ubicación **Location:** Puebla, Puebla
Cliente **Client:** MILK LIFE INVESTMENTS
Tipología **Type:** Multifamiliar **Multifamily**
Área construida **Constructed surface area:** 25,000 m²
Año de proyecto **Year of project:** 2013
Año de término **Year of completion:** 2015
Arquitecto a cargo **Architects in charge:** Mayer Hasbani
Equipo **Team:** Fátima González, Paola López, Mariana Paz, Alejandro Beyer, Sergio Galván
Estado **Status:** Construido **Built**

Colaboradores **Construction team**
Constructor **Builder:** MILK LIFE INVESTMENTS
Estructura **Structure:** POSTENSA
Instalaciones **MEP:** SICASA
Paisaje **Landscape:** DLC

Fotografía **Photography:** Paul Czitrom

ADAMANT QUERÉTARO

Ubicación **Location:** Querétaro, Querétaro
Cliente **Client:** MILK LIFE INVESTMENTS
Tipología **Type:** Multifamiliar **Multifamily**
Área construida **Constructed surface area:** 21,500 m²
Año de proyecto **Year of project:** 2013
Año de término **Year of completion:** 2017
Arquitecto a cargo **Architect in charge:** Mayer Hasbani
Equipo **Team:** Fredy Ángeles, Alma Montiel, Paola López, Fernanda Ramírez, Susana Góngora
Estado **Status:** Construido **Built**

Colaboradores **Construction team**
Constructor **Builder:** MILK LIFE INVESTMENTS
Equipo **Project Team:** Gerardo Padilla, Tania Castillo, Francisco Villaseñor, Alejandra Delgado
Estructura **Structure:** AG2M
Instalaciones **MEP:** BIMSTUDIO
Iluminación **Lighting Design:** LIGHTEAM

Fotografía **Photography:** Paul Czitrom

ADAMANT LEÓN

Ubicación **Location:** León, Guanajuato
Cliente **Client:** MILK LIFE INVESTMENTS
Tipología **Type:** Multifamiliar **Multifamily**
Área construida **Constructed surface area:** 20,000 m²

Año de proyecto **Year of project:** 2013
Año de término **Year of completion:** 2017
Arquitecto a cargo **Architects in charge:** Mayer Hasbani
Equipo **Team:** Oliver Burgos, Alma Montiel, Nelly Hernández, Paola López, Fernanda Ramírez
Estado **Status:** Construido **Built**

Colaboradores **Construction team**
Constructor **Builder:** MILK LIFE INVESTMENTS
Equipo **Project Team:** Gerardo Padilla, Giselle García, Nelly Solano, Jazmín Peón
Estructura **Structure:** AG2M
Instalaciones **MEP:** Hubard & Bourlon
Paisaje **Landscape:** DLC
Iluminación **Lighting Design:** LIGHTEAM

Fotografía **Photography:** Paul Czitrom

ADAMANT TIJUANA

Ubicación **Location:** Tijuana, Baja California
Cliente **Client:** MILK LIFE INVESTMENTS
Tipología **Type:** Multifamiliar Multifamily
Área construida **Constructed surface area:** 24,500 m²
Año de proyecto **Year of project:** 2015
Año de término **Year of completion:** 2017
Arquitecto a cargo **Architect in charge:** Mayer Hasbani
Equipo **Team:** Domingo Macotela, Oliver Burgos, Fredy Ángeles, Paola López
Estado **Status:** Construido **Built**

Colaboradores **Construction team**
Constructor **Builder:** MILK LIFE INVESTMENTS
Equipo **Project Team:** Carlos Gauthereau, Gerardo Casares y Giselle García
Estructura **Structure:** AG2M
Instalaciones **MEP:** JAZA
Paisaje **Landscape:** DLC
Fachada **Façade:** VITRO
Iluminación **Lighting Design:** SOMBRA

Fotografía **Photography:** Garage Photo Studio, Onnis Luque

ADAMANT MÉRIDA

Ubicación **Location:** Mérida, Yucatán
Cliente **Client:** MILK LIFE INVESTMENTS
Tipología **Type:** Multifamiliar **Multifamily**
Área construida **Constructed surface area:** 22,193 m²
Año de proyecto **Year of project:** 2015
Año de término **Year of completion:** 2020
Arquitecto a cargo **Architects in charge:** Mayer Hasbani
Equipo **Team:** Domingo Macotela, Thiago Pinto de Carvalho, Oliver Burgos, Alma Montiel, Fredy Ángeles, Paola López, Gerardo Ortega
Estado **Status:** Construido **Built**

Colaboradores **Construction team**
Constructor **Builder:** MILK LIFE INVESTMENTS
Equipo **Team:** Carlos Gauthereau, Tania Castillo
Ingeniería **Engineering:** EIICSA
Iluminación **Lighting Design:** Faktorluz
Paisaje **Landscape:** Ambiente arquitectos
Fachada **Façade:** UNM

Fotografía **Photography:** Alejandra Urquiza

LEVEL QUERÉTARO

Ubicación **Location:** Querétaro, Querétaro
Cliente **Client:** MILK LIFE INVESTMENTS
Tipología **Type:** Corporativo
Área construida **Constructed surface area:** 34,500 m²
Año de proyecto **Year of project:** 2016
Arquitecto a cargo **Architects in charge:** Mayer Hasbani
Equipo **Team:** Domingo Macotela, Alfredo Lagunas, Alma Montiel, Gerardo Ortega, Gilberto Marín, Alberto Castellanos, Alejandra Ramírez, Diana Romero, Paola López, Fernanda Ramírez, Melanie Eugenio, Yessica López, Juliana Caicedo
Estado **Status:** En construcción **Under Construction**

Colaboradores **Construction team**
Constructor **Builder:** MILK LIFE INVESTMENTS
Equipo **Project Team:** Gerardo Padilla, Eduardo Guzmán, Alejandra Delgado, Jorge Vázquez, Giselle García y José Rafael Rayón
Estructura **Structure:** Izquierdo y Asociados
Instalaciones **MEP:** BIMstudio
Fachada **Façade:** UNM
Iluminación **Lighting Design:** Luz+Forma

Render: DECC
Fotografía **Photography:** Alejandra Urquiza

CENTRO DE ESTUDIOS Y TEMPLO OD

Ubicación **Location:** Ciudad de México
Cliente **Client:** Privado **Private**
Tipología **Type:** Religioso **Religious**
Área construida **Constructed surface area:** 1,500 m²
Año de proyecto **Year of project:** 2016
Arquitecto a cargo **Architects in charge:** Mayer Hasbani
Equipo **Team:** Alma Montiel, Nelly Hernández, Alejandra Ramírez
Estado **Status:** Proyecto **Project**

Colaboradores **Construction team**
Estructura **Structure:** Izquierdo Ingenieros y Asociados
Instalaciones **MEP:** BIMSTUDIO
Iluminación **Lighting Design:** Lighteam
Paisaje **Landscape:** DLC
Acústica **Acoustics:** SAAD ACÚSTICA

Render: Enrique Martínez

ADAMANT GRAND TOREO

Ubicación **Location:** Tijuana, Baja California
Cliente **Client:** MILK LIFE INVESTMENTS
Tipología **Type:** Multifamiliar **Multifamily**
Área construida **Constructed surface area:** 47,200 m²
Año de proyecto **Year of project:** 2017
Arquitecto a cargo **Architects in charge:** Mayer Hasbani
Equipo **Team:** Domingo Macotela, Alfredo Lagunas, Alma Montiel, Daniel Cortes, Ana Barrera, Santiago Rocha, Diana Romero, Gerardo Ortega, Manuel Zamora, Paola López, Rolando Gómez, Juliana Caicedo, Mariana Cantón, Melanie Eugenio
Estado **Status:** En construcción **Under construction**

Colaboradores **Construction team**
Constructor **Builder:** MILK LIFE INVESTMENTS
Equipo **Project Team:** Gerardo Cazares, Giselle García, Alfredo Ramírez
Estructura **Structure:** Izquierdo y Asociados
Instalaciones **MEP:** BIMstudio
Paisaje **Landscape:** Ambiente Arquitectos
Fachada **Façade:** UNM
Iluminación **Lighting Design:** Luz+Forma

Render: PROVISUAL

ADAMANT LEVEL CAMPESTRE

Ubicación **Location:** León, Guanajuato
Cliente **Client:** MILK LIFE INVESTMENTS
Tipología **Type:** Desarrollo de uso mixto **Mixed-use development**
Área construida **Constructed surface area:** 102,500 m²
Año de proyecto **Year of project:** 2017
Arquitecto a cargo **Architects in charge:** Mayer Hasbani
Equipo **Team:** Domingo Macotela, Alfredo Lagunas, Alma Montiel, Diana Romero, Gerardo Ortega, Manuel Zamora, Paola López, Yessica López, Juliana Caicedo, Mariana Cantón, Melanie Eugenio
Estado **Status:** En construcción **Under Construction**

Colaboradores **Construction team**
Constructor **Builder:** MILK LIFE INVESTMENTS
Equipo **Project Team:** Carlos Gauthereau, Jorge Vazquez, Eduardo Guzmán, José Rafael Rayón, Vanessa Ruiz, Fernanda Anaya, Giselle García, Rubén Sepúlveda
Estructura **Structure:** Izquierdo Asociados
Instalaciones **MEP:** BIMstudio
Paisaje **Landscape:** Ambiente Arquitectos
Fachada **Façade:** UNM
Iluminación **Lighting Design:** Luz+Forma

Render: PROVISUAL

OVVA

Ubicación **Location:** Tijuana, Baja California
Cliente **Client:** MILK LIFE INVESTMENTS
Tipología **Type:** Desarrollo de uso mixto **Mixed-use development**
Área construida **Constructed surface area:** 80,000 m²
Año de proyecto **Year of project:** 2021
Arquitecto a cargo **Architects in charge:** Mayer Hasbani
Equipo **Team:** Alfredo Lagunas, Paola López, Juliana Caicedo
Estado **Status:** En construcción **Under construction**

Colaboradores **Construction team**
Constructor **Builder:** MILK LIFE INVESTMENTS
Equipo **Project Team:** Marcela Rocha, Omar Álvarez, Gerardo Cazares, Giselle García, José Rafael Rayón, Brenda Ceja, Vanessa Ruiz, Alfredo Ramírez
Proyecto Ejecutivo **Executive Project:** NEXUS
Interiores **Interiors Design:** Sulkin Askenazi
Estructura **Structure:** ALBA
Instalaciones **MEP:** DYPRO
Paisaje **Landscape:** Harari Landscape
Fachada **Façade:** The Facade Studio
Iluminación **Lighting Design:** Luz+Forma

SHAKE LA REVU

Ubicación **Location:** Tijuana, Baja California
Cliente **Client:** MILK LIFE INVESTMENTS
Tipología **Type:** Multifamiliar **Multifamily**
Área construida **Constructed surface area:** 30,400 m^2
Año de proyecto **Year of project:** 2021
Arquitecto a cargo **Architects in charge:** Mayer Hasbani
Equipo **Team:** Alfredo Lagunas, Paola López, Mauricio Rojas
Estado **Status:** En construcción **Under construction**

Colaboradores **Construction team**
Constructor **Builder:** MILK LIFE INVESTMENTS
Equipo **Project Team:** Marcela Rocha, Omar Álvarez, Giselle García, Gerardo Cazares, Brenda Ceja, José Rayón
Proyecto Ejecutivo **Executive Project:** Colectivo Arquitectura
Interiores **Interior Design:** Cadena Studio
Estructura **Structure:** FORTA INGENERÍA
Instalaciones **MEP:** FORTA INGENERÍA
Paisaje **Landscape:** DLC
Fachada **Façade:** The Facade Studio
Iluminación **Lighting Design:** Luz+Forma

Render: DECC y NARRATIVA 3D

TAMARINDOS

Ubicación **Location:** Ciudad de México
Cliente **Client:** Privado **Private**
Tipología **Type:** Interior residencial **Residential Interior**
Área construida **Constructed surface area:** 450 m^2
Año de proyecto **Year of project:** 2013
Año de término **Year of completion:** 2014
Arquitecto a cargo **Architects in charge:** Mayer Hasbani
Equipo **Team:** Oliver Burgos, Francisco Romero, Paola López Solis
Estado **Status:** Construido **Built**

Colaboradores **Construction team**
Constructor **Builder:** PHia
Estructura **Structure:** Fernando Vargas Cruz
Instalaciones **MEP:** INRASA
Iluminación **Lighting Design:** Studio Spazio

Fotografía **Photography:** Paul Czitrom

MT

Ubicación **Location:** Ciudad de México
Cliente **Client:** Privado **Private**
Tipología **Type:** Interior residencial **Residential interior**
Área construida **Constructed surface area:** 500 m^2
Año de proyecto **Year of project:** 2014
Año de término **Year of completion:** 2015
Arquitecto a cargo **Architects in charge:** Mayer Hasbani, Emilio Cohen
Equipo **Team:** Oliver Burgos, Paola López Solis y Brenda Colin
Estado **Status:** Construido **Built**

Colaboradores **Construction team**
Constructor **Builder:** ILUGRA
Ingenierías **Engineering:** High Tech
Automatización **Automation:** Control 4
Iluminación **Lighting Design:** Gustavo Avilés-Lighteam

Fotografía **Photography:** Héctor Velasco

BAKER & MACKENZIE

Ubicación **Location:** Ciudad de México
Cliente **Client:** Baker & Mackenzie
Tipología **Type:** Interior Corporativo Corporate Interiors
Área construida **Constructed surface area:** 5,000 m^2
Año de proyecto **Year of project:** 2014
Año de término **Year of completion:** 2015
Arquitecto a Cargo **Architects in charge:** Mayer Hasbani / Interior Architects
Equipo **Project Team:** Erika Pacheco, John Hopkins, Russell Manthy
Estado **Status:** Construido **Built**

Colaboradores **Construction team**
Constructor **Builder:** GIA
Estructura **Structure:** DITEC
Instalaciones **MEP:** AKF
Audio & video: NTX
Acústica **Acoustics:** SAAD ACÚSTICA
Iluminación **Lighting Design:** UNICORP

Fotografía **Photography:** Héctor Velazco

IOS OFFICES

Ubicación **Location:** México
Cliente **Client:** IOS OFFICES
Tipología **Type:** Interior Corporativo **Corporate Interiors**
Área construida **Constructed surface area:** 3,000 m^2
Año de proyecto **Year of project:** 2016
Año de término **Year of completion:** 2017
Arquitecto a cargo **Architects in charge:** Mayer Hasbani
Equipo **Team:** Paola López, Fernanda Ramírez, Melanie Eugenio
Estado **Status:** Construido **Built**

Colaboradores **Construction team**
Constructor **Builder:** Ofis Design
Iluminación **Lighting Design:** Grupo Lite

Fotografía **Photography:** IOS OFFICES

COLEGIO MONTE SINAÍ

Ubicación **Location:** Ciudad de México
Cliente **Client:** Colegio Hebreo Monte Sinaí
Tipología **Type:** Educacional **Educational**
Área construida **Constructed surface area:** 4,164 m^2
Año de proyecto **Year of project:** 2017
Año de término **Year of completion:** 2019
Arquitecto a cargo **Architects in charge:** Mayer Hasbani, Jacobo Zagha
Equipo **Team:** Paola López, Santiago Caballero, Lucía Ron, Rolando Gómez
Estado **Status:** Construido **Built**

Colaboradores **Construction team**
Constructor **Builder:**
Arq. Jacobo Zagha / CHMS José Luis Ramírez
Estructura **Structure:** CMF
Fachada **Façade:** UNM
Iluminación **Lighting Design:** Luz+Forma
Paisaje **Landscape:** Ambiente Arquitectos
Branding **Branding:** Cobalto Studio
Acústica **Acoustics:** SAAD ACÚSTICA

Fotografía **Photography:** Luis Gordoa

SELECT SOUND

Ubicación **Location:** Ciudad de México
Cliente **Client:** Select Sound
Tipología **Type:** Interior Corporativo **Corporate Interiors**
Área construida **Constructed surface area:** 320 m^2
Año de proyecto **Year of project:** 2020
Año de término **Year of completion:** 2021
Arquitecto a cargo **Architects in charge:** Mayer Hasbani
Equipo **Team:** Paola López, Melanie Eugenio
Estado **Status:** Construido **Built**

Colaboradores **Construction team**
Constructor **Builder:** SNB Arquitectos
Iluminación **Lighting Design:** Luis Lozoya

Fotografía **Photography:** Aldo Cárdenas Gracia

La arquitectura requiere de muchas manos —cientos de ellas— para alcanzar sus metas. Agradecemos profundamente el compromiso de todos los profesionistas, trabajadores y obreros que han participado en la realización de las obras que aparecen en este libro.

Su aporte ha sido fundamental e indispensable para la concepción, planeación, realización y concreción de cada proyecto.

A Milk Life Investments, nuestra compañía hermana, que está detrás de la mayoría de los edificios que aquí se compendian, agradecemos su confianza y apoyo constante para convertir en realidad todos estos sueños.

A Marco, Zion y Moshe Hasbani, por ser el motor que impulsa y dirige esta empresa.

A nuestros clientes, por su respaldo, y porque se han convertido en socios fundamentales de nuestro mejor trabajo.

A nuestro equipo de trabajo, por su optimismo, empuje y profesionalismo para realizar estas significativas obras.

A nuestras familias, por su apoyo incondicional.

AGRADECIMIENTOS
ACKNOWLEDGEMENTS

Architecture needs many hands—hundreds of them—to achieve its goals. We are enormously appreciative of the commitment of all the professionals and construction workers who participated in building the projects included in this book. Their contribution has been essential for the conception, planning, execution, and conclusion of every project.

We would also give our thanks to everyone at Milk Life Investments, our sister company, who have backed most of the buildings appearing in this book. We appreciate their trust and support in turning all these dreams into reality.

To Marco, Zion, and Moshe Hasbani, for being the driving force behind this company.

To our clients, for their support, and because they have been key partners for our best work.

To our team in the studio, for their optimism, energy, and professionalism in carrying out these important works.

To our families, for their unwavering support.

COLABORADORES
COLLABORATORS

MAYER HASBANI ARQUITECTOS

Andrea Carolina Acosta Villarreal
Mónica Aguilar Almanza
Leilani Aguilera Ortiz
Fredy Ángeles García
Christian Jonathan Aparicio Luna
Verónica Teresa Ávila López
Óscar Ricardo Baca Pérez
Ana Laura Barrera Serrano
Leopoldo Berra Treviño
Jorge Daniel Buendía Flores
Oliver Burgos Morales
Santiago Caballero Mendiola
Juliana Caicedo Diaz
Mariana Guadalupe Cantón Rangel
Mayra Alejandra Carballar Cárdenas
José Alberto Castellanos Morgado
Daniel Cervantes Vázquez
Brenda Lizeth Colin Franco
Mario Corona Meza
Luis Enrique Cortés Caudillo
Juan Carlos Cortés Díaz
Daniel Rubén Cortés Mendoza
Luis Pablo Del Rincón Camacho
Diana Melanie Eugenio Ponce
Fátima Fernández Bernal
Patricia Galán Lorena
Rolando Javier Gómez Corona
Jessica Paola Gómez Silva
Susana Góngora Becerra
Martín Ernesto Góngora Olguin
Gloria Lucía González González
León David Guadarrama Hamilton
Domingo Gutiérrez Macotela
Mayer Hasbani Batish
Susana Hernández Hernández
Fany Irineo Soriano
José Luis Irrizont Manzanero
Cristina Islas Arredondo
Salma Kassem González
José Alfredo Lagunas Ballinas
Sarahi Lara Sánchez
Gonzalo Ledesma Ávila
Guillermo López Aceves
Melina López Dueñas
Yessica Verania López Navarro
Paola Anet López Solís
José Octavio Manzano Martínez
Juan María Marín De La Plaza
Gilberto Javier Marín Meza
Juan Enrique Martínez Vargas
Nathalia Mejía Mora
Carla Arely Monterubio Hernández
Alma Dalia Montiel Zarate
Nelly Selene Noriega Peláez
Mariano Núñez O'Farril
Luis Arturo Olivares López
Gerardo Ortega Galindo
José Luis Ortega Yépez
Otto Andrés Pérez Ortega
Arturo Pérez Rivera
María Fernanda Ramírez Acevedo
Felipe Ramírez Arce
Cecilia Ramírez López
Pedro Alberto Ramírez Ramírez
Alejandra Ramírez Sánchez
Eder Rodríguez Villalobos
Erick Rojas Curiel
Víctor Mauricio Rojas Saldaña
José Armando Román Mireles
Alberto Irvin Romero Calderón
Diana Laura Romero Canchola
Lucía Elizabeth Ron Pedrique Casique
Mariana Ruiz Ortega
Marijose Sánchez Fernández
Minerva Sánchez Gómez
Jesús Orlando Sánchez Medina
Carlos Alberto Sánchez Melgoza
Diana Serrano López
Andrés Antonio Valdés De la Vega
Santiago Hernán Valencia Rocha
Jani Fernanda Velázquez Robles
Jahir Antonio Villanueva Martínez Zurita
Manuel Zamora López

MILK LIFE INVESTMENTS

Miguel Ángel Acevedo Arteaga
Antonio Aurelio Aldasoro Ríos
Héctor Jesús Altamirano Rodríguez
María Fernanda Anaya Niño
Oliver Arellano Balandrán
Luis Enrique Arellano Chan
Laura Elena Arriaga López
Jessica Báez Bautista
María Fernanda Briseño Saucedo
Christian Josué Cabriada Rodríguez
Alejandro Guadalupe Cantú Malo
José Jesús David Canul Canul
Ernesto Gabriel Carreño Atristain
Dulce Clarissa Carrillo Velarde
María Fernanda Castañeda Mexicano
Juan Moisés Castillo Chang
Tania Lourdes Castillo Ortega
Iris Noemi Castillo Ortiz
Pedro José Castro Ruiz
Gerardo Cazares Cortés
María Elena Cedillo Onofre
Brenda Ceja Molina
Franklin Suriel Chuc Ix
María De Lourdes Colin Soto
Edwin Jair De Jesús Cornelio Castro
Federico Javier Coronel Ibarra
Cristóbal Enrique Cortés Durán
Jazmín Criollo Rodríguez
Verónica Del Rocío Cruz Cisneros
Jessica Nayeli Cuevas Avalos
José Luis De La Torre
Karen Liliana Delgado Herrera
María Alejandra Delgado Zamora
Dillely Díaz Juárez
Esmeralda Domínguez Gómez
Julio Emmanuel Escalona Galindo
Gabriela Lizbeth Esparza Fernández
Héctor Esparza Ortiz
María Delia Espinoza Espinoza
Cristiam Galindo Sánchez
Nohemí García López
Martín Jorge García Ortiz
Alejandra Giselle García Sánchez
María Esther Garduño Pliego
Carlos Enrique Gauthereau Álvarez
Heisell Adriana Gines Jiménez
Anayely González Castro
Raúl González Chavarria
Albina González Escobedo
Anabel González Lobo
Fátima González Montañez
Edgar Christian González Rodríguez
Eugenio González Saavedra
Anahí Guerrero Ortega
Bárbara Fabiola Guerrero Paredes
Diana Marcela Guevara Rocha
Guillen Plácido
José Eduardo Guzmán Hernández
Jonathan Rodrigo Hernández Álvarez
Zion Hasbani Batish

Moshe Hasbani Batish
Marco Hasbani Zaga
Alejandro Hernández Estrada
José Edgar Hernández Estrada
Oswaldo Hernández Mora
Raymundo Omar Hernández Rodríguez
Jacqueline Daniela Hernández Sierra
Haide Herrera Aguilar
Karely Jazmín Herrera Ortiz
María Fernanda Huerta Santiago
Sonia Sofía Infante Alcaraz
Blanca Estela Jiménez Velázquez
Sharai Jaimes Tafolla
Dulce María Joaquín Hernández
Cinthia Lara Barradas
Shantal León Ruiz
Jacqueline Lira Muñoz
Leonardo Lira Valencia
Roymel Adrián López Arjona
José Francisco López Morales
Sergio Lugo Tapia
Luis Avelino Luis Velasco
Sandra Luz Luna Serrano
Gerardo Alfonso Macias Villanueva
Abigail Márquez Castillo
Alberto Ivan Márquez Delgadillo
Alejandra Paola Martínez Cabrera
Mayra Jazmín Martínez Rosales
Luis Eduardo Mejía Reyna
Victor Hugo Mejía Trejo
César Melgoza Carselle
Rodrigo Mendiola Pizaña
Alejandro Mendoza Ruiz
César Merino Núñez
Edith Miranda Arcos
Georviclay Del Carmen Morales Escalona
César Esteban Morales López
Erick Adrian Mujica Caletti
Jessica Edith Nava Ríos
Alejandra Ornelas Díaz
Carolina Alejandra Ortega Estañol
Andy Padilla Sánchez
Gerardo Alfredo Padilla Saucedo
Clementina Palomo Beltrán
Jesika Pérez Hernández
Ángel Pérez Medina
Daniel Pérez Retama
Aurora Pérez Rosales
Rodrigo Alberto Pérez Torres
María Alejandrina Pinto Romero
Miguel Quijada Hernández
Cecilia Radillo Morett
Mayra Guadalupe Ramírez Alcala
Alfredo Ramírez Arce
Alejandro Ramírez Caudillo
Francisco Javier Ramírez Miranda
José Luis Ramírez Rosales
Jorge Carlos Francisco Ramírez Ugalde
José Rafael Rayón Kanter
Yolanda Reyes Franco
Ana Cristina Reyes Yarza
Juan Manuel Rivera Machuca
Viridiana Rivera Orozco
Ana Laura Robles Vizcarra
Ana María Rodríguez Calderón
Alexa Ivette Rodríguez Caravantes
Karely Rodríguez De La Rosa
Edwin Adrián Rodríguez Robles
Ana Karen Rosales Ortiz
Marco Antonio Rubio Breceda
Vanessa Patricia Ruiz Portillo
Ivón Salamanca Gutiérrez
Omar Salas Aldana
Alexia Salas Olmedo
Elizabeth Salazar Fuentes
Gonzalo Salazar Landín
Eduardo Sánchez Martínez
Yazmine Angélica Sánchez Michel
Eduardo Gerardo Sánchez Montiel
María Iveth Sánchez Rodríguez
Rubén Sepúlveda Monreal
Karla Patricia Servin Torres
Nelly Margarita Solano González
Karla Solís Moreno
Laura Elena Solís Silva
Blanca Sonia Soto González
Serafín Daniel Stasi Reale
Mónica Paola Suastegui Vidales
Kenia Miroslava Tapia Cruz
Hugo Eugenio Tapia Tapia
Raúl Tela Munguia
Carlos Tolama Nieva
Sofía Torri Limón
Saleh Urfali Salame
Andrés Antonio Valdés De La Vega
Jorge Vázquez Mellado Magnoni
Ernesto Jafet Vázquez Vargas
Paulina Vélez Casas
Raymundo Viadero Escamilla
Yajaira Estefanía Villanueva Cruz
Enrique Villanueva Servin
Francisco Villaseñor Bustos
Brayan Esaú Zapote Orea
María Fernanda Zarrabe Wood

Mayer Hasbani Arquitectos se terminó de imprimir en marzo de 2023 en las prensas de Asia Pacific Offset, en China. Se usaron fuentes de la familia Freight, diseñadas por Joshua Darden en 2005. Fue impreso en papel Kinmari DULL EX de 157 g. El tiraje consta de 1,500 ejemplares.

Mayer Hasbani Arquitectos was printed in March 2023 by Asia Pacific Offset in China. It was printed on 157 gsm Kinmari DULL EX paper and set in typefaces of the Freight family, designed by Joshua Darden in 2005. The print run was 1,500 copies.